恋なんて素敵

Love is lovely

松本一起

KKロングセラーズ

その恋はどちらですか。

或る日の午後のことでした。信号が青なのに立ち止まっている女性の後ろ姿を見掛けました。すれ違い様に女性を振り向きました。一生懸命にスマホを覗き込んでいるのです。その表情は一瞬しかうかがえませんでしたが、とても幸せそうな顔が印象的でした。まるで女神のような微笑みにあふれていました。

とても嬉しくなったのです。僕は信号を渡り切りもう一度その女性を見ました。相変わらずスマホに熱中していました。確かに歩きスマホはよくありません。信号待ちスマホだって同じです。歩行者の妨げを作っているのです。はっきり言って迷惑です。

でも周りの人たちはなぜか穏やかな表情でその女性を追い越して行くのです。この街の人たちも素敵でした。みんな分かっていたのです。きっと恋人からのメールが届いて熱中してしまっていることを理解していたのです。

たった一通のメールからこの街が爽やかな風に揺れていたのです。多分恋のメールのはずです。たった一通のメール、そうなのです、たったという表現が適しています。たった一つのことで人も街も時間も風も、そしてその先もすべてを幸せに満たしてくれるのです。僕はそれが恋だと思っています。

たった一つの恋が大袈裟に言うと世界中を豊かに素晴らしいものにするのです。それが恋なのです。一人の思い、一つの恋、それがたくさんの人の心をあたたかくしてくれるのです。

でも恋には良い恋と悪い恋があります。今あなたがかかえている恋はどっちの恋なのか、きっとあなたは分かっているはずです。分かりたくない、という気持ちも僕には分かります。悪い恋も導き方で良い恋へと変わります。

信号待ちしていた女性のようにみんなから愛をもらえるような恋。ぜひあなたにも届けたくて一冊にまとめました。

恋なんて素敵

わたし時々恋なんてなければ
どんなに楽だろうと思う
空が青かったり風が爽やかだったり
それだけで幸せだと思うから

変化がないことって意外に少なくて
心の景色はいつもブレてるのに
まだそれ以上のドラマチックを求める
いつでも何かを足りなくしながら

恋なんて素敵
些細なことから喧嘩をしたり
好きなくせに反発してみたり
大切な優しさを無理矢理に傷つけている
そんなの分かっているのに

青に変わった信号に気づかず
あなたのメールに微笑んだ
そっと振り返った人がウインクしてゆく
この街はみんな誰もあたたかい

恋って一体何だろうと考えた
誰かと一緒に時を重ねながら
またそれ以上のドラマチックをさがして
隠したことを紐解いて近づく

恋なんて素敵
死ぬまで一緒にいたいと思う
そうであれば離れることも
永遠を掴むには必要なことだと思う
そうだと分かっていたって

恋なんて素敵
些細なことで喧嘩をしたり
好きなくせに反発してみたり
大切な優しさを無理矢理に傷つけている
そんなのおかしいのに

松本 一起

第2章　恋する心を育てると、すべてに優しくなれます。

第3章　恋をしているにもかかわらず、どうして自分をそんなに傷つけるのですか。

第4章 女として男として以上に、人間として誇れる魅力を培ってください。

第1章

二人になるために、一人でいたのかもしれません。

生まれながらにして人は、
誰かに愛され誰かを愛する運命を持って、
この世に登場したのです。

理想

……あなたがあなたを思ってあげて、
そこに恋が誕生するのです。
自分自身を少し過大評価してください。

★あなた自身を粗末にしていませんか

いいですか、今日からは「なぜ、本当の恋人がいないのか」なんて思ってはいけないのです。そんなマイナス志向の心をかかえてしまうと、本当にいつまでも一人ぼっちのままでいなくてはならないのです。「なぜ」の前向き志向は、心の中に勇気と理想を与えてくれるものです。

たとえば、「なぜ、この街はいつも活気にあふれているの」と思えば、何かわくわくしてきます。まるでミュージカルのステージに立った気分のように、踊りたくなりませんか。とても大袈裟ですが、そんな自分と逢えることが素敵ではないでしょうか。

しかし、「なぜ、この街はこんなに活気にあふれているのに私は寂しいの」と思った瞬間、地獄へまっ逆さま。悲劇のヒロインが好きな女性ならいいでしょう。好きな人を遠くから眺め、太い柱の影に隠れていたいなら、それもいいでしょう。

しかし、この本を手に取った人には、そんな人はいないと思っています。だから、いつもいつも心の中に、前向きだけをあふれさせるのです。「なぜ」を上手に活用するのです。

今日からは「なぜ、真実の恋人が出来ないのでしょう」という思いは捨ててください。そして、鏡に向かってじっと自分自身を見つめて「もうすぐ好きな人と逢える」と心の中で言うのです。

鏡がない時は、自分の顔を思い浮かべながら、「もうすぐ彼が出来る」と一日に何度も心の中で言いましょう。自分自身をコントロールするのです。

「なぜ、こんないい女を一人にしておくの」ぐらい思ってやるのです。これは微妙なのですが、人の前で「こんないい女」なんて言った瞬間、高慢ちきと思われてしまいますが、自分の心の中で思うことは、ビタミンだと思っているのです。とても栄養価の高いビタミンなのです。

医学には全然知識がないのですが、作詞家的に言いますと、それはもう純度も効果も満点の「恋する乙女ビタミン」なんですね。心の中で言うだけで、あなたの姿勢も顔の艶も、瞳の輝きもとてもとても魅力的にキラキラし始めるのです。僕は断言出来ますね。

★自信を持つことです

分かりますすか、恋人が出来なかったあなたは、今まで自分のことを大切にしていなかったのです。本当の自分の魅力に気付かなかったのです。さらには、さきほど言いました「なぜ」をマイナスに考えていたはずです。

あなたがあなたを粗末にしていた結果、異性との距離を少しずつ広めていったのです。

恋人が出来なかったのは何も、自然でも誰かのせいでもなく、あなた自身があなたを粗末にしていた結果なのです。心の中にいつもマイナスを取り込んでいた結果なのです。

さぁ、今日からは、あなた自身を適度に過大評価して、上へ上へ舞い上がりましょう。理想をきちんとしたカタチにして、そうです、こんな彼、憧れの人を思い浮かべてもいいでしょう。恥ずかしいことではありません。理想の彼の姿を想像して一日一日を過ごすのです。

しかし大切なことは、あなたがあなたを大切にすることなんですからね。それは、あなたがあなたに自信を与えてくれるのです。あなた自身が自信を持つことなのです。

自信を持つことって、すべてに重要なことなのです。僕は作詞家ですから数多くのシンガーと仕事をしています。自信という点では、新人歌手なんかはまったくそうなんです。

話はそれますが、新人歌手って言い方、何か今の時代らしくないですね。今、歌う人って、アーティストなんです。

まぁ、いいとして、スタジオに入ってマイクの前に立った瞬間、練習していた時より上手に歌える人がいるのです。その人の顔の輝きはきれいに紅潮して、背筋もピンと伸びて声がスムーズに出ていて驚いてしまうこともあります。「エッ、こんなに上手かった……？」という感じです。

その人は、練習スタジオではなくて、立派なレコーディングスタジオで歌える喜びと、そして旅立ちのときめきに、突然、自分自身に大きな自信を持ったのです。その結果、普段の自分の何倍もの力というか、才能を発揮出来たのです。自信というのは、それぐらいエネルギーを秘めたものなのです。

日々の暮らしでも、そんなこと感じたことはありませんか。仕事でも勉強でも自信がある時は、少々準備していなくても完璧に近いほど成し遂げてしまいませんか。

恋もまったく同じで、この恋は絶対上手くいく、と思えば本当にいい風向きに乗ってしまうものなのです。逆に、ちょっとでも不安を感じたりすると、上手くいっていたにもかかわらず、結果は駄目。

恋が出来ない人の多くは、多くはというよりも、そのほとんどが、自信がないのです。恋は姿カタチでするものではありません。ましてや、姿カタチで上手くいくわけでもありません。

人は言います。最初は見た目で入る、と。そんなのまったく嘘なんですね。人は姿カタチを見ているわけではなくて、表面を見ているつもりでも中を覗いているのです。

対象人物の手の動きから優しさを判断したり、顔のラインを眺めながら人間としての厳しさを見つけようとしたり、スタイルを見ているようで清潔感を感じていたり、表面だけを見ているのではないはずです。僕はいつもそんな風に人を見ていますね。そして、きっと、あなたも同じだと思います。すべての人がそうだと思っています。そして、心の中で言葉にするのです。こんな私だから、こんな素敵な人と逢えたのだ、と。

恋しましょう　レッスン❶

心の中であなた自身に自信を与えてあげるのです。鏡に向かって、もうすぐ彼が出来るから、もっと自分を磨かなきゃ、と言い続けましょう。こんないい女はそういいない、と心の中であなた自身に声をかけてあげるのです。

きっと今まであなたはあなた自身を粗末にしていたはずです。優しくなかったはずです。大切にしていなかったはずです。それにもかかわらず、彼と呼べる人をさがしていたなんて、僕から言わせればとても矛盾だらけなのです。

あなたがあなたを思ってあげて、そこに恋が誕生するのです。あなたが自分を思ってあげなくて、他人が思うはずはありません。

今日からは、あなたはあなたの世界一の理解者になってください。あなたがそれを実行することによって、つま先から頭のてっぺんまで、いい血が流れて、いい風に包まれて、そして新しいあなたが生まれるのです。それこそ、僕の考える、恋する人なのです。

自分自身を適度に過大評価して、少しずつあなたの魅力を自分で意識していくのです。そうすれば、あなたはあなたに自信が持てて、今まで恋とは無縁だと思っていた人も、恋に至近距離の場所に自然と近づいていくのです。とても簡単なことですから、心の中にあなた自身の声を響かせてください。

現実

恋をすべての基本にしないでください。
恋は生活の一部なのですから、
自然にしていれば必ずやってきます。

★恋は特別なものではない

本当の恋が出来ない人の中には、恋を特別扱いしているケースが多いのです。恋こそが人生そのもので、何よりも貴重なものである、と。まるで腫れ物に触るように丁寧に丁寧に扱ってしまうから、なかなか恋そのものに触れることが出来ないのではありませんか。

はっきり言いましょう。たかだか、恋なんですよ。すべての男と、すべての女に与えられる、何も特別なものでもなんでもないものが恋なのです。

そうそう、誰だって手に出来るもの。そこら辺にごろごろ転がっているものが恋なのです。ネコも杓子も恋しているのです。そんなものに、あなたは一日中頭の中をかき乱されているわけです。見ていて、気の毒になってしまいますね、とこんな風に書いていくと、あなたは怒りますか。

笑えてきませんか。国家試験を受けて手にする資格でも、選挙権のように十八歳にならないと出来ないものでもないのです。そんなものに振り回されて、というよりもまだ手に出来ていないだけなのです。憧れは夢の中にキラキラ輝いているのに、誰でも出来ることをまだあなたは出来ていない。ただ、それだけのことなんです。

あなたが、恋を特別扱いにすればするほど、段々、あなたから遠ざかっていくのです。

一度に何人もの彼を作っている友達がいるにもかかわらず、あなたにはまだ本当に愛する彼がいない。そんな不公平をモナリザは許すのでしょうか、と膝まづいて星に祈っている。そんな人はいないでしょうが、たかが、そんな不公平なものなのです。

さて、決して茶化しているわけではありません。しかし、特別なものではないのです。普段の、そう日々の中で普通に呼吸して生きているものが恋なのです。

それに触りたい触りたいと、気持ちの中で焦っているあなたにとっては、多分特別なものなんでしょうね。

もっと肩の力を抜いて、目をキョロキョロさせないで、ギョロギョロなんてはもってのほかですね。自然にすーっと風が流れるように心をリラックスさせてください。恋はそんな人の心の中に、そう、まるで夏の風のように吸い込まれていくものなのです。

「なんだろう」と思った瞬間、あなたは恋のまん中にいる、という感じなのです。では、なぜ、あなたに本当の恋がやってこないのか……。

★力み過ぎでは恋は出来ない

詞を作る時、さぁ！　やるぞ‼　と力んでしまうと、これが大変なのです。肩に力が入ったままパソコンのキーボードを打っているのです。

カチカチ、打つ音だけがうるさいだけで、輪郭だけの言葉しか表現出来ていないのです。心はガチガチで、まるで荒れ果てた荒野みたいな人間しか表現出来ていないのです。

しっとりした女性も、頼りがいある男性もそこにはいないのです。僕の身体全体が畏縮してしまって、詞にならないのです。力んだ結果です。

実は、恋も同じだと思うのです。「さぁ、今日こそ私は恋をするから」と朝、目が覚めて、パジャマを着たまま誓ってしまいました。その瞬間から、あなたの全身に恋という余分な力が入ってしまったのです。

あなたの大きな間違いは、何もかもを恋で包んでしまったことです。

恋を一番基本に置いてしまったために、その恋に辿り着くための仕事。その恋に辿り着くための勉強。その恋に辿り着くための食事と、もしその恋がなくなったら、全部沈没という図式を作ってしまったのです。

土台が恋なのです。恋という土台に家を作ったも同然なのです。その恋が崩れたら、家も倒れてしまうのです。

笑い話のように書いていますが、実際、恋を基本にした日々の不安定なことを、僕は何度も何度も人からの相談で知りました。恋をしている人の相談。別れそうな人からの相談。その人たちの相談にのるたびに、恋を基本にした日々が、いかにもろく崩れやすいか僕は知りました。

そして、恋を特別扱いして、一日の基本にした人に、僕は恋は出来ないと断言してもいいほどです。あなたが、恋にあやつられて、恋にぐるぐる巻きにされて、恋に窒息するのがオチのようです。

いつの間にか、気が付いた時には一人でまた、空を見上げているのです。みじめです。そんな人になって欲しくないのです。

恋がしたいなら、自然にしていることなのです。友達に誘われたショッピング、学生時代のクラスメートからの電話、仕事を終えて立ち寄ったデパート、近所のコンビニへ買い物、趣味の教室、普段、何気なく暮らしている中から恋が現れるのです。

あなたが、あなた自身を普通に呼吸させて、日々自然に向かい合う姿に恋は集まってくるのです。映画を観たり、本を読んだり、あなたがあなた自身を磨いているその途中に恋は待っていてくれるのです。

恋が出来ない人たちに僕から一言です。恋は生活の一部です。就職や入学やクリスマスみたいに時期が来れば必ず出来るものなのです。

恋、恋、と絶対焦らないでください。必ずいつの日にか、あなたも恋が出来るからです。

恋しましょう　レッスン❷

毎朝、目が覚めたら、部屋中の空気を入れ替えてみましょう。朝の新鮮な空気を胸一杯に吸い込んで、今日一日の予定を素敵にイメージしてください。絶対、恋のことを思ってはいけません。

一人で過ごすことの素晴らしさ、友達と一緒の時間の充実感などをイメージしてください。あなた自身をとても大切にしてあげるのです。

それを繰り返していると、必ずいつの日にか、あなたの目の前にあなたの彼と呼べる人が現れるでしょう。心の中をいつも爽やかにしていてください。

勇気

……片思いは素早く通り越しましょう。
片思いという恋のなかで満足していると、
いつまでも現実の恋が出来なくなります。

★片想いという恋をしては駄目です

片思いというのは、どこかセンチメンタルで淡くて可憐で、それでいて、じっと耐え忍ぶような芯があるような錯覚にとらわれて、いうなれば木陰のヒロインみたいな綺麗さがあり、憧れの対象のようです。

しかし、僕に言わせれば片思いの人はどういうわけかその多くが、ちょっとズルい感じなんですね。周りの人間をハラハラさせながら、一緒に奈落の底に落とし込めるような現象が片思いなのです。

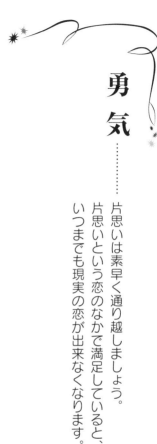

同情させて心配させて、「私はそんな哀しい女なのです」とまるで演劇部のお稽古のようなのです。

じゃあ勝手に哀しんでいてください、なんて言って放り出すと、ちょっと待って!、と今度は歌舞伎役者に姿を変えて仰々しく両手を広げて救いの声を上げる。どういうことなのか……と疑ってしまいます。

片思いを何回もしたり、片思いに慣れてしまうと、ちょっとだけ恋に参加しているようで、だからまったく一人というわけではなくて、身辺に恋がちらついているような感覚で、まったく寂しいというわけでもないのです。

お分かりになりますか。あなたは片思い、という風景の中で実は恋をしているのです。抱きしめられることもなくて、もちろんキスをすることもなく、一人で一人の恋を楽しんで、その結果、また現実の一人になるのです。何という切ないことなのでしょう。変な癖がついてしまうのです。いつか本当に恋をした時にも、片思いの時の切なさでナルシストに陥って、目の前の現実に避けられてしまいますよ。

僕は片思いは素早く通り越しましょう、と言いたいのです。

まぁ、好きな人を遠くから眺めているのもいいでしょう。時には、普段のキャリアを脱いで、弱々しい女性になってみるのもあなたの一面かもしれません。

しかしそんなもの、一週間ぐらいでケリをつけてみませんか。長い間、片思いという風景の中に自分を置いていると、その心地よさに酔いしれて、本当の恋が出来なくなってしまうのです。ひょっとして、もう、あなたは、そんな病にかかってしまっているかもしれませんね。

知り合いの女性に、片思いの魔術にかかった人がいました。彼女は突然驚くような人に恋をするのです。相手は、まったく接点のない人で、どこでどうして知りあったのか、それさえも分からないほど遠い存在の人なんです。

昨日の夜、親しい友人が集まって飲みに行ったカフェで、誰も気付かなかった他のグループの中の一人という具合なのです。そんなの分かりますか。後から説明を受けても、顔は知らない。もちろんどこの誰なのか分かるはずがないのです。

しかし僕の知り合いの女性は、その男性のことを好きになったと、その片思いを一生懸命アピールするのです。周りの人たちはそんな彼女を思って、またそのカフェへ通い、その男性をさがす努力を手伝うようになるのです。そこで満足しているのは、彼女一人。

★悲劇のヒロインで満足していませんか

片思いという恋の中で、彼女は満足しているのです。そういう人って、多分いつまでたっても現実の恋が出来ないのです。自分で自分をセンチメンタルに置けるドラマを創作して、その主人公に自分を置いてしまうのです。

いいですか、よく考えてください、失恋もしない、喧嘩もしない、ジェラシーもする必要もない。しかし確かに片思いという恋の散らばる場所の中に自分はいるのです。日記は、その人を思うことばかり。「どうして、私のことに気付いてくれないの」とか「私一人が切ない」とかそんなことばかり。呆れてしまいます。

「悪いのは私じゃない」そんな錯覚に塗り固められて、ナルシストを演じて本当に気持ち良いのでしょうか。答えは、NOです。早く抜け出してほしいものです。

読者の中には、そんな片思いじゃない、と反論する人がいるでしょう。様々な理由をつけて反論するでしょう。相手に迷惑がかかるから、一人じっと片思いでいるんです、と。あるいは、相手には好きな人がいるから、片思いでいるとか。

しかし僕にそんなことを言っても、僕は納得しません。全部、同じなのです。片思いの人は、その心地よさと勇気のなさを足して引いて、掛けて割って、自分の弱さというバランスの上で無理矢理、納得しているだけなのです。

違いますか。一言、相手に告げて、それでまったく駄目になるぐらいなら、無言で一人片思いという恋の中にいる方が安全だと納得させているだけなのです。

あなたの心を開いて聴いてください。

告白することにより崩れるなら、今のままがいい、と必死に片思いにすがっているのではないでしょうか。

せっかく、心を揺り動かされる人を見つけて、ただ遠くから見つめているだけでいいなんて、誰がそれで満足しますか。多分、一言を告白することにより、すべてを失うことの方が恐いと感じて、ただあきらめてヒロインを演じているだけなのです。

別の見方をして、初々しくて可憐でいいですね、しおらしくて女性を感じますね、という、まさに逃げの態度は、あなたのためになりません。

言っちゃいましょう。元気に健康的に、明るく陽気に、清々しく爽やかに、仮にそれで駄目だとしても、次へ次へと進むのです。決して軽々しく言うわけではありません。

世の中、見てください。経済も何もかもが良くない時代に、せめて恋ぐらいは明るくパッといきたい、と思いませんか。駄目でモトモト。上手くいったら拍手喝采。失敗は成功のもと。そんな言葉を思い出して、あなたの気持ちを相手に伝えましょう。

一週間は片思いでもいいでしょう。その間、すごくセンチメンタルなヒロインで楽しんでください。一週間たったら、気持ちのすべてをその人に打ち明けましょう。あなたのその勇気が、あなたの気持ちという繊細な時間の流れを、きっと素敵な場所へ連れて行ってくれるでしょう。

そう、あなたが、その好きという気持ちを相手に伝えることにより、あなたは今までとは違う別の時間が作る場所を手に入れるのです。まるで銀河を旅するような浮遊感をきっと手にするのです。

昨日と違うあなたなのです。それは相手が受け止めてくれなくても、きっと手に入れることが出来るでしょう。

ウジウジしていた片思い、それが気持ち良かったかもしれません。しかしそんなものよりもっと気持ちの良い、時間の流れを感じることでしょう。

立ち止まっていては駄目です。片思いに慣れてはいけません。

恋しましょう　レッスン❸

今のあなたの気持ちを紙に書いてください。そして読み上げてください。感情を込めて、愛情を込めて。そして嬉しそうな表情を作ってください。

それを十回やったら一回だけは哀しそうに嘆いてください。早々に相手に断られた時の訓練。宝塚のように派手に華麗にやってください。

ある日曜日、一日中そんなことをやって過ごしてください。片思いのことは忘れ、レビューの始まりです。

面倒……………

周りの人たちの恋の無惨な話を聴いて、
自分をラクな場所に置かないでください。
恋をして生きている喜びを感じてください。

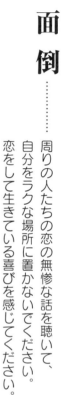

★耳年増になっていませんか

以前、「海に面した彼女の図書館」というタイトルの詞を作りました。歌ったのはオフコースの清水さんと松尾さん、大間さんと、他のグループの人たちとのコラボレーションでした。

内容は……僕の彼女と海に行ったけれど、彼女は毎日泳ぎもしないで本ばかり読んでいる。それも恋愛小説ばかり。そして僕に、その中の二人の恋について話して聴かせている。挙げ句の果ては、東京にいる彼女の友達の恋の話にまで及び、あの二人はどうのこうの、とまるで芸能リポーターのように詳しく他人の恋について僕に聴かせている。しかし彼女は僕の気持ちにまったく気付いていない。こんなに近くにいる僕のことに、まったく無関心のようだ。僕がこんなに彼女のことを思っているのに、そんなことより、小説の中の恋、遠くにいる友達の恋にばかり気を取られている……という詞なのです。

これって、結構、現実的な問題だと僕は思うのです。

本当はとてもとても恋がしたいのに、人の恋ばかりに興味を持って、自分のことに無頓着になってしまっている人。いや、無頓着というよりも、人の恋の話ばかり気にするものだから、耳年増になってしまって、だんだん、自分が恋しようとすることにさえ面倒になってしまうのです。

皆さん、人の恋の話をちょっと意識してください。案外いい話って、ないのではありませんか。聴こえてくるのは、悪い話ばかり。これってとても不思議なんですが、あの二人はとても上手くいっている、という話はあまり届かないのですね。

あの二人が最近喧嘩して音信が途絶えているとか、あの二人はもう先月別れてしまったとか、なぜかいい噂って聴こえてこないのです。本当に不思議なんです。

人間というものは、幸せな人が周りにいることを望んでいるにもかかわらず、どうしてか不幸になる人のことを聴くと納得して安心してしまう習性があるようです。あなたの周りもそうではありませんか。

ですから、聴こえてくるのは悪い話ばかりで、恋が出来ない人の中には、人の失敗例ばかり聴いて、「だったら、一人でいる方がラク」と恋をするよりも一人の深いシートに沈んでしまって立ち上がれなくなってしまう人がいるのです。これはもう、一人相撲もいいところで、最初から自分を落とし込んでしまっているわけです。

にもかかわらず、あと半分の心で、なぜ恋が出来ないのか、と悩むのです。僕に言わせれば、自分勝手に自分を傷つけているようなもので、目の前のチャンスさえ逃がしてしまう人なんです。そんなグループに入りたいのですか。

好きな人と楽しい時間を過ごし、一年前の自分には想像も出来なかった新しい勇気みたいなものを感じ取ったりしてときめいたり、逆に時には眠れないほどの辛い時間を過ごし、もう恋なんかしたくない、と泣いてみたりすることもあるでしょう。

しかし一週間後には、また、好きな人との仲直りで、もっと自分自身が強くなったことを感じて、恋をする喜びに生きていることの素晴らしさを実感出来るのです。

★新しい自分と逢いましょう

確かに一人はラクです。何をするにしても自分の思うままでいいのです。誰かに気をつかうこともないし、好きな時間に好きなことをやればいいし、何をしたって文句も言われない。実際、僕の周りにも一人でいる人が多くなっています。

しかし、その人たちをじっと見ていると、仕事を一生懸命にやっているのですが、生き生きとした輝きを放ってないようなのです。

仕事をバリバリやって、終わったら不特定多数の人たちとワイワイやっているのですが、その人の両肩のあたりにポッカリと空虚が存在するのです。ワイワイ、ポッカリ、という空しい空気が漂っているのです、その人の両肩に。

しかし、恋人がいる人の周りには鮮やかな空気が膨らんでいるようなのです。一人がラク、と今日からは言わないでください。もっとも心から一人が好きな人は、それでも構わないでしょう。

恋をしたい恋をしたい、と思ったことのある人でしたら、今日から「一人がラク、恋をして辛い思いをしたくない」と絶対思わないことを約束してください。

よく詞のテーマになることですが、人間は一人で生まれてきても、決して一人では生きていけない、ということを聴いたことはありませんか。僕も何度もそのテーマで詞を作りました。そして僕自身も、そう思っています。そんな僕でも時として、「あぁ、一人がいいな」と思って、その一分後には反省することがあるのです。

が、やっぱり「一人がラク」ということは何かを捨てているのです。その捨てているものは人によって違うのでしょうが、大きく考えると、ぬくもりみたいな、何か触れあいとか、つながりとか、そんなフワッとした優しい炎のようなものなんです。あなたも、そんな気がしませんか。

恋が出来ない、と嘆いている人は、とにかくそういう自分の気持ちを確かめてください。

恋をしたいのに、「一人がラク」と最初から外れていては、どんなチャンスも出逢いも逃がしてしまっているのです。周りの人たちの恋の無惨な話を聴いて、自分をラクな場所に置いてしまったのです。

そんなものは絶対ラクなのではないのです。この世の中のとても素晴らしい空間から、あなただけが外されてしまっているのです。そんな人になっていても、いいのですか。

恋は他のものと同じように、暑かったり寒かったり、あるいは熱かったり冷たかったり、笑ったり泣いたり、天国と地獄を行ったり来たりしているのです。仕事だってそうじゃないですか、契約出来たと喜んだり、今まで付き合ってくれた得意先が急に契約解除したり、勉強も同じです。

前の試験では解けた計算も今回は間違えてしまった。この世の中には、そんなことがあふれているのです。だから、もっと先へ進める勇気と力を得られるのです。そんな苦労は嫌だ、と言って立ち止まっていては、新しい自分と絶対逢えるはずがないのです。

人の恋の話ばかり気にして、しかもそれが悪い話ばかりのために、あなたは素晴らしい空間の中に飛び出せないでいるなんて、考えただけでも人生を本当に無駄にしているような気がします。

恋をしないで傷ついていているよりも、恋をして傷ついた方がもっと人間を感じるのに、「一人がラク」と、人生の多くを損しているのです。

恋しましょう レッスン❹

今日からは人の恋の悪いことを聴いても、それがいつか「ときめき」に変わる喜びをイメージしてください。

そして「一人がラク」という何かを捨てているような人生は私じゃない、と言い聞かせるのです。何度も何度も言い聞かせるのです。

恋をして傷つくことは、一人でいることよりも人間らしいのです。

断念

……コンプレックスというものが仮にあるなら、
それを上手に使いこなすのです。
それで恋を、諦めてはいけません。

★コンプレックスの鎖を断ち切りましょう

このテーマについて、僕は少々ためらったのです。実際、僕自身が人のことを綺麗とか綺麗じゃないとか、太っているとか痩せているとか、余りそういったことを言う人が好きじゃないのです。

「あの人、ブスだったね」なんてこと平気で言う人たちを横目で見ながら、僕はその人のことを「アンタ、ナニサマダト、オモッテンノ」と心の中で繰り返しました。見かけで人を判断する薄っぺらな人間って、本当に嫌です。

というわけで、この本の中でそのことを話題にするのはどうか、と思っていたのですが、勇気を振り絞って書くことにしました。なぜか……実際に自分自身のことにとてもコンプレックスを持っていて、それが恋を邪魔している、と考えている人が多過ぎることも知っているからです。

はっきり言います。恋は見かけでするものではありません。「そんなこと知っている。でも、人はそれを重視する」とそんな声も聴こえてきます。「私の知ってる男性は、美人しか相手にしない」と、いつもいつも言っています。僕の周りにも確かにいます、そういう人が。

もし、あなたが、自分自身のどこかにコンプレックスを持っていたら、今すぐにそんな考え方の鎖を断ち切ってください。コンプレックスというものは、それ自体上手く活用すれば前向きの気持ちを作ってくれるものですが、下手に扱うと関係のないところまで悪作用してしまうのです。

たとえば自分の顔にコンプレックスを持ったとしましょう。しかし、そんなこと神様に叱られそうですよね。世界中にたった一つの顔なんですからね、たった一つしかない造型。パリの美術館にある古代の彫刻よりも神々しい、たった一つのあなたの顔。

奇跡的な運命で誕生したあなた。その顔に対して、あなた自身がコンプレックスを持つなんて、とんでもない間違いだと思いますが、仮にそうしましょう。顔への自分自身の思いが、脳を伝わって全身に影響を及ぼすのでしょう。異性の前では、とても引っ込み思案になってしまう。

グループで楽しく騒いでいるのに、あなたは神を冒涜するほどの自分へのコンプレックスで、みんなから離れてしまう。ゲームの参加に誘われたけれど、自分は見ているだけでいい、と一人みんなから離れて椅子に座っている。そして早く帰りたいと願っている。

いいですか、あなたはもう、三つも自分を押しつぶしています。みんなから離れる。ゲームに参加しない。早く帰りたいと願う。みんなみんなマイナスなことばかり。その時間は、一体何だったのですか。

心の中では本当は、みんなと楽しく過ごしたいにもかかわらず、もし出来れば、素敵な男性と出逢って素敵な恋をしてみたい、と思っていたのに結果はあなたから身を引いてしまっているのです。そんな時間はただ無駄に過ぎていくだけですね。

★心のブスはいますが……

たった一つのコンプレックスが、あなたのすべてをマイナスに仕向けていくのですから、それはあなた自身の罪としか言いようがないのです。そうですよ、コンプレックスを抱くことこそが罪なんです。

僕は断言出来ます。そしてさらに、醜い、という言葉は顔に使う言葉ではないのです。それは心とか性格に使う言葉だと僕は思っています。ブス、という表現も顔に使うものではありません。やはり心とか態度に使うものだと思っているのです。

多くの人たちが勘違いしています。「あの人はブスだ」と顔に対して言っているのを聴くと、僕はソイツを殴ってやりたくなるのです。ソイツこそが、心のブスなのです。そのいかにも自分は二枚目だと勘違いしているヤツのその態度がブスなのです。

大体、美人とか美男子とか、最近ではイケメンなんてマスコミでは言っていますが、どういう神経で使っているのか僕には理解出来ませんね。だから、いつまでたっても日本は文化二流国、三流国なのです。何も考えないで、そんな人を区別するような表現で話題を集めようとする態度を、もうそろそろ改めて欲しいと思うのは決して僕だけじゃない、と信じています。

ちょっと横道にそれました。すべての女性が、たった一つしかない生命に抱きしめられて、そして顔、瞳、腕、指、足、そして姿勢、態度、あるいは明日、未来……を支えているのです。もちろん男性も同じです。そんな神々しい、気高い、大切な一つ一つにコンプレックスを持っているから恋が出来ないのです。

この本は恋のことを書いているわけですから、人間としてのテーマから、突然恋とは……ギャップが激しいですね。でも、恋はとても大きなエネルギーなのです。それで、そんなコンプレックスのせいで恋が出来ないのです。

コンプレックスに縛られないでください。そして、もっともっと社交的になって様々な場所に出かけて出逢いをさがしてください。コンプレックスは、いつかきっと内臓にまで影響してきますよ。

引っ込み思案というのを、ひょっとしてコンプレックスにしている人がいるかもしれません。性格というのか性分というのか、引っ込み思案ってとても控え目でいいじゃないですか。その度合いなんですね。ずっとずっと引っ込んでいたら、存在感さえ失ってしまいます。人に言われるまで引っ込んでいよう、と思っていたら、誰も誘ってくれなくて最後まで引っ込んでいた……何かすごく残酷です。

こんなことにならないように、何かの集まりの際には、行く前から何か話題を考えておくといいでしょう。その集まりに関することで何か。今日の新聞から何か。昨日のテレビのワイドショーから何か。

そんな話題が出た時には、自分から一人を飛び出して参加するのです。効果抜群です。日頃から控え目な人が自ら話題に参加するわけですから、みんなの視線はあなたに釘付けになってしまうでしょう。でも、そんな風になっても、言うべきことだけを言ったらまた静かなあなたに戻るのです。

どんなコンプレックスも、それは間違った考えなのです。コンプレックスというものが仮にあるなら、それを上手に使いこなしてみましょう。そんな隠れたあなたの心のどこかに恋は待っているのです。

僕はすべての人の顔も何もかも、それは世界にたった一つしかない宝物だと思っています。

恋しましょう　レッスン❺

あなたがもしも自分自身のどこかにコンプレックスを持っていたとしたら、それを毎日口に出して言い続けましょう。もう、聴き飽きるほど毎日毎日言い続けるのです。「私はブスだ」「私はブスだ」……いつかそれに笑えてくるはずです。そんな自分がとても可愛く見えてくるはずです。

そうなんです、実際あなたは可愛いのですから、それに気付くことが今日のレッスンなのです。

恋が出来ない人の多くが自分の本当の姿や魅力に気付いていないのです。

防御

近付きがたい印象で楽しんでいては、いつまでたっても恋のチャンスは訪れません。ホッとさせる雰囲気を作りましょう。

★近付きがたいオーラを出していませんか

見た目にも行動にも、他の人を寄せつけないほどのにぎやかさが漂っていて、だから誰もあなたには近付けないのです。近付きがたいのです。本人としては一生懸命お化粧したり、身だしなみを整えたり、ファッション雑誌で研究したりしてまさにモデルさんのような感じなのです。こういう人って、案外多いのです。

一見すると、クールで、ふつうの男性なんか相手にしないわよ、とムードが語っているのです。同性からも、ちょっと敬遠されたりして、そういう見かけだから自然に引き寄せられるのは派手目なグループで、さらに華麗さに磨きがかかっていくのです。しかし本人はとても真面目。何かの機会があって話して見ると、とても普通で気だても良くて、ごくごく一般的なんです。どこをどう間違ったのか、本人の意志とはまったく角度の違う、天上の存在。

困ったものです。一人一人に説明するわけにもいかないし、急に地味にしても変ですし。この本を読んでいる人の中にも、こんなタイプの人がたくさんいるはずです。普通の恋がしたいのに、磨き抜かれたセンスの良さから一時の遊びのような恋しか近づいてこない。あなたのグループはそんな女性ばかりだから、集まってくる男性も心を開かない遊び人風な人たちばかり。

しかし、普通から見れば、一種独特な魅力をかもしだしているわけなんです。お化粧の下手な人は入れない。流行のファッションを身につけていなければ入れない。そんなグループの一員になってしまって、しかしそれはそれで楽しいものだから、心では違うと思いながらグイグイ引きずり込まれていってしまう。

さぁ、どっちを選びますか。このお話、すごく現実的なのです。自分の性格とか居心地の良さとか、本来こうあるべき自分とはまったく違う場所に、なぜか入り込んでしまった人の悲劇というかラッキーというか、戸惑いなんです。

僕から二つのタイプの人にアドバイスしましょう。

第一に、あなたがもしも事象に流されないタイプであるならば、自分とは違うなと思ってもその場所で別の自分さがしをしてみてはいかがですか。

本来あるべき姿の自分を、常に確認しながら別のあなたと逢ってみることも冒険です。そこで出逢う異性とも二つのあなたの心で対応するのです。

誤解されて見られているあなたの心。そして本当のあなたの心。二つの心を使いこなして相手の男性の反応を見るのも学習です。

本当のあなたの心に繋がれたロープで、誤解されたあなたの心をしっかり繋げておくことを忘れないようにしてください。

媚薬のような知らない世界の誘惑には、流されていってしまいます。気付いた時は、まったく別人になってしまう危険も秘めています。

あなたの心で、別のあなたの心を守ってあげるのです。案外、そんなあなたのことに気づいて、素敵な恋が始まるかもしれません。

あるいは、今までの普通の生活とか、結構地味な生活とかでは得られなかった、まったく新しい発見があるかもしれません。

自分自身の日々に変化をもたらすことは間違いないでしょう。一歩踏み出せなかった、新しい世界があなたの恋を作ってくれるかもしれません。

★「見られ方」は大切です

様々な変化に流されやすいような人なら、冒険は慎むべきですね。多分きちんとしたレールの上を歩くべきです。でもそれって、決して変化がないというわけではないのです。どんなに普通の日々といっても変化があふれています。

一筋縄でいかないのがこの世の中です。毎日歩いている舗道だって、どこに何があるか分かったものじゃないはず。落とし穴があったり、誘惑があったり……と。

冒険はやめて、見られるまま派手でも華麗でも、そのままのあなたで進めましょう。

しかし、見られ方が本来のあなたじゃないわけですから、自分からそんなことをアピールしなくてはならないのです。「私は普通の女の子です」と。

これも現実的に多いのです。見られ方って、すごく大切なのです。

誤解されてあなたの人間性さえも違ってとられているのです。遊び慣れているとか、彼が複数いるとか。そんな風に見られているから恋のチャンスがないのです。

それでもって、あなたは流されやすい性格。自分の胸に手を当て、はっきりと確認してください。

恥ずかしいことではありません。時代の流れに敏感で好奇心が旺盛だから流されやすいだけなのです。安心してください。

そういうあなたには、手紙という武器を提案しましょう。あなたが好きだと感じた異性に心のこもった手紙を書くのです。

メール全盛の時代に、手紙を書くのです。便箋とペン。心の中に特定の異性が存在して、なかなか告白出来ない状態が続いている人なら、便箋とペンを用意して素直な気持ちを伝えましょう。

普段、特に目立つあなたと、手紙。このギャップがあなたの恋を実現させるでしょう。

また、心の中に特定の存在がなければ、恋のチャンスを増やすために、小道具が必要です。それは、一冊の本。ちょっと分厚めの小説とか詩集。磨き抜かれたセンスを身につけているあなたが、そう、ブランドのバッグとともに本も抱えるのです。

せっかくですから、ちゃんと読みましょうね。いいですか、あなたの見られ方に、ホッとするものを添えるのです。

近付きがたい印象で楽しんでいては、いつまでたっても恋のチャンスはおとずれませんよ。緊張ピリピリ、「あの女の子には絶対彼がいる」と思わせていては誰も近付いてきません。ホッとさせる雰囲気を作ることが、人を近づけるものなのです。一冊の本を、あなたのセンスとともに持ち歩くのです。

綺麗な人やセンスの良い人は、時として人間性を薄めてしまうようです。まるでジュラルミンで出来たマネキンなのです。そんなものに恋を告白出来ますか。ぱちんとはじかれてしまうでしょう。

あなたは今まで、そんな雰囲気を人々に与えてきたのです。同性にも異性にも。

そこに一冊の本。思い当たる人は、今日から一冊の本か便箋とペンのどちらかを選んで、近付きやすい人になってください。

鼻の先を45度上に向けて歩いていては、誰も近付いてきませんよ。本人はそう思っていなくても、センスの良い人は、案外そんな風に見られているのです。今日から変えてみましょう。

恋しましょう レッスン❻

今までとは違った行動半径を意識してください。ブランドショップもいいでしょうが、今日からは図書館、美術館を探してください。

毎日とは言いません、行ける時間があったら、図書館に行って、あのちょっと落ち着いたというか静かな場所の空気を吸ってください。美術館も同じです。

通い慣れると、あなたに、しっとりした優しさとか人間らしさが染み込んでいくはずです。新しいあなたの誕生です。

想像

悪い想像で相手を欠点だらけにして、
せっかくの恋のチャンスを自ら放棄する。
ときめきストーリーを想像してください。

★先回りして悪いシナリオを描くのはやめる

恋も何回か経験すると、自分なりのパターンのようなものを想像出来るようになります。これが案外、厄介なもので、その多くが悪く悪く考えるものなのです。

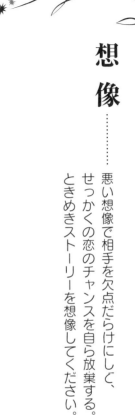

恋愛をすると次に……こうなって、その次には……そうなって、結局また以前と同じように傷ついて喧嘩をして、挙げ句の果ては私が馬鹿を見るだけで終わってしまう、と。シナリオライター顔負けの悲劇を創作してしまうのです。

恋愛の想像は、なぜかマイナス志向が多いのです。しかも、恋愛する直前の人って、意外と悪い想像が多くて、恋の扉を開ける前に、そこでストップしてしまうのです。

恋愛先回り症候群、と僕は呼んでいるのですが、いかがですか、あなたも思い当たるふしはありませんか。恋が出来ない、恋が出来ない、と嘆いている人は、実は自分自身で待ったをかけているのです。さて、どうしましょうか。訓練ですね。

この病を治療するためには、自分自身を前向きにコントロールする訓練が必要なのです。それでは僕なりの訓練をお教えしましょう。

まず、一番良いのが悪い想像をしないことです。当たり前のことですが、恋をしている人にも言えることですが、悪い想像って多いのですよ。

喧嘩をして、音信が途絶えた時なんて、一人で街を歩いていたりして、相手にちょっと似た人なんか見かけると、一生懸命さがしたりするのです。それも、自分の彼が他の女の人と歩いている瞬間をとらえようと、どうしてかそんな悪い場面と出くわさないかとキョロキョロしてしまうのです。わざわざ、悪いシーンを見つけようとするのです。本当は悪い場面と遭遇したくないにもかかわらず、なぜか悪い場面を心のどこかに期待でもしているかのようにさがそうとしているのです。自虐的行為だと思いませんか。

自分に言いきかせるのです。「恋には悪い想像はしてはいけない」と。明るく明るく前向きに前向きに考えるのです。恋が出来ないのは自分の豊かな想像力が邪魔をしている、と思い込んでください。

想像力は、もっと別のものに有効利用しましょう、と言いきかせるのです。元々、想像力は素晴らしい未来のためにあるものです。それを自分の恋の邪魔に使うのはおかしいと思いませんか。そのために、あなたは恋することをためらっているのです。

せっかくの想像力をマイナスに使ってはいけません。でも、それはあなただけではないのです。僕の友人にもたくさんいます。

友人の女性は、仕事もとてもよく出来て、それでいて人に対する思いやりも人一倍あるような人です。よく気がつく女性で、事実非の打ちようもないぐらいの女性なのです。

恋もそれなりに経験して、男性からも食事とか飲み会の誘いがかかり、その中の多くの男性が彼女に付き合って欲しいと告白していました。

しかしすべてにNOの返事。僕から見ても本当にお似合いの男性がいたのですが、NOなのです。

ある日、僕は彼女に聞きました。なぜ、あんな誠実でいい男性とお付き合いをしないのか、と。彼女は困ったように答えてくれました。全部、先が見えてしまって、どうせまたサヨナラするなら最初からお付き合いしない方がいいから、と。

★恋は頭で思うものではありません

彼女は恋の何もかもを頭で思ってしまったのです。自分の「ときめく」気持ちさえも頭で思ったのです。

頭で思うって分かりますか。気持ちを鎮めることから始めるのです。好きな人のことを悪く悪くイメージして、押さえ付けていくのです。ときめく気持ちよりも、相手の欠点だけを想像してそれを広げていくのです。

すると、あぁ良かった、あんな人を好きにならなくて、と自分一人で納得してしまうのです。

相手の人のことをちょっとしか分からないうちに、自分勝手に欠点だらけの人間に仕立ててしまうのです。自分の中では不潔で行儀が悪くて、他人の悪口ばかり言う男性に仕立て上げてしまったのです。そして、恋の扉を開ける前にサヨナラ。

しかし現実の彼はそんな人間ではなくて、僕の知っている限りでは誠実で清潔な男性なはずです。もったいないですね、せっかくの恋のチャンスを自ら放棄して、それで満足しているなんて。

あなたも、そうではありませんか。想像の内容は多少の差はあっても、相手を悪く仕立てるということでは同じではないでしょうか。

そしてもう一つが、ストーリーの創作なのです。付き合って半年後、一年後のストーリーを自分勝手に悪く作ってしまうのです。

それは、今までにしてきた恋愛の中から様々な要素を選んで、それを今まさに目の前にある恋の扉に振りかけるのです。

嫉妬、喧嘩、彼の仕事、自分の趣味と彼の趣味とのすれ違い、時間に対する考え方の違い。遅刻に対する考え方というもので、五分、十分の遅刻なんてそんなに大きな問題じゃないと彼は言うはず。でも私は五分でも許せない。そんな彼の時間に対する感覚を、今までの恋愛から勝手に想像して押し付けてしまう。

まだ始まっていない恋愛を最初から壊しているのです。駄目ですね。

そんな風に考えないようにするためには？　逆転させるのです。悪い性格付けを自分自身にするのです。時間に対するルーズな考え方を彼に押し付けるのではなく、自分のものにするのです。そして、彼はそれを許してくれると思い込むのです。

ストーリーの悪い創作については、それはずっと以前に観た映画であって、私と彼との問題ではない、と確信するのです。とても古い古い映画でそんなストーリーがあった、と自分の中で錯覚させるのです。

そしてイメージを楽しいものにすり替えて、彼の誕生日にはこんなことをしたいとか、その年のクリスマスは雪のある街に行こうとか、楽しいイベントにイメージを持っていくのです。

単純で分かりやすいイベントをイメージするのです。心理とか心の駆け引きとか難しいことを想像しては駄目です。具体的な旅行とかパーティーとか、二人で一緒に出かけるコンサートとか、単純で具体的な行動をイメージするのです。

心理学者や精神科医になってはいけません。単純で幼い考えがいいでしょう。

そんなことを繰り返していると、不思議なんです、あなたはもう恋を頭で思うことはなくなっているでしょう。すると更に不思議です、とても神経質だったのに、すべてに対して前向きで明るく臨むことが出来るようになるのです。

仕事に対しても、人間関係に対してもプラス志向になれるのです。ぜひ、今日からそんな風に思ってください。

恋しましょう　レッスン❼

恋の予感がありそうな人と出逢ったら、楽しいことを具体的にイメージしてみてください。単純な遊びをたくさんイメージしてください。相手の人を悪く見ようとしたら、逆にそれを自分自身のものにしてしまうのです。相手は悪くない、自分が悪いのだと。そして彼がそんな自分を正してくれる、と思い込むのです。

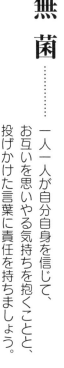

無菌

……一人一人が自分自身を信じて、お互いを思いやる気持ちを抱くことと、投げかけた言葉に責任を持ちましょう。

★恋に臆病にならないでください

恋した数が少なければ少ないほど、ご用心ください。初心者という言い方は当たっていないかもしれませんが、恋の経験が少ない人は特にこれから僕が言うことに気をとめてください。

この世の中には、気持ちがないにもかかわらず相手に思わせぶりなしゃべり方をする人もたくさんいます。まるで、「君のことを愛しているよ」と言わんばかりの甘い言葉。本人、まったく気がないのに、サービス精神なのか、それとも悪い悪戯なのか、それともちょっとした火遊びのつもりなのか、シュミの良くないしゃべり方なんです。許せないのですが、こういうヤツって、結構多いのです。

それでそれを言われた方は、あまり恋をしたことがなくて、そんな毒を信じてしまうのです。言った方は、当たるも八卦当たらぬも八卦のいい加減さですから、言った先から忘れていってしまうのです。

しかし、言われた方は、その気にさせられて、次の言葉を待っているのですが、何もない。ただ、踊らされただけでした。そんなことを経験させられると、ついつい恋に臆病になってしまう。人を信じなくなってしまう。罪なことです。

恋にとても純粋な思いの皆さん、人を信じることは素晴らしいことですが、相手をきちんと見つめて判断してください。無菌状態で育ってきた、心から愛すべき皆さんに、つまらない男の犠牲になって欲しくはないのです。

逆のことも言えます。無菌状態の綺麗な心を持った男性に、悪魔のような女性のトゲにささって欲しくないのです。人生さえ変えられてしまうケースだってあるのです。

たった一人の悪魔によって、その素敵な純粋な心を汚されてしまって、いけない世界へと入ってしまう人もいるはずです。僕は、恋はそんな大きな力を秘めていると思います。

さて、純粋な皆さん、育ちの良さがプーンと匂ってくるような皆さん、少し悪い菌を心の中に取り入れて、多少は免疫状態にしておきましょう。少々の悪魔が甘い囁きをふっかけても、そんなものにビクともしない免疫です。

それには、僕の持論なのですが、笑顔と笑い声を訓練しておくといいのです。とても変な話みたいですが、よく言いますよね、照れ笑いということ。そんな種類のものなんです、実は。

何のわだかまりもない笑顔は、とても素敵です。心から笑っている顔は素直で初々しいものなんですが、その反面、傷つきやすい内面も秘めているような気がします。騙されやすい面も持っているような気がするのです。そういう笑顔は、特別な人だけに見せてあげてください。

たとえば不特定多数の人が集まるような場所の、ちょっと怪しいなと思うような異性がいる場面では見せないでください。悪い人間は、そんなあなたに狙いを定めて近づいてくるのです。あなたが、この人なら本当に大丈夫と思う人なら、初対面でもいいでしょう。でも、ご用心を。

いいですか、あなたの純粋で素直な笑顔は、あなたにとっての落とし穴でもあるのです。そして笑い声も大切です。素直な笑顔同様、心からの笑い声も時と場所を考えてくださいね。僕は今この原稿を書きながら、こんなことって「おせっかい」かなと思いながら書いているのですが、でも、今まできっと誰も書いたことがないことだと信じて、あえて「おせっかい」をしているのです。

それでは、どんな笑顔を見せ、どんな笑い声を出せばいいのか、ということです。少し違う自分を演出してください。いつもと違うあなたを出してください。

★自分を信じていますか

話をまとめましょう、こういうことです。余りにも純粋で素直なために、よく初対面の人から声を掛けられて、何となくその人のことが気になってしまう。しかし、その人はただの言葉だけで、その場限りの遊ばれてしまった状況に陥る。

そんなことを重ねるたびに、だんだん人を信じられなくなって、恋に対して臆病になってしまう。もっと悪くすれば、本当に自分のことに興味を持ってくれた人に対しても、又かと信じられなくなって一歩を踏み出せない。目の前の素敵な出来事も疑って見てしまう。

良いことは何一つありません。でも、原因の一つにあなた自身の無防備さもあることも忘れないでください。人を見る目があれば、誰だって後悔することなんてないはずです。人を見る目、しかし実際にはどんな人にもそんな目は持てるはずがないのです。人を判断するなんて、誰にも本当は出来ないでしょう。

だからなおさらのこと、一人一人が自分自身を信じて、お互いを思いやる気持ちを抱くことと、投げかけた言葉に対しての責任を追うべきです。

でも、事実はそうじゃないのです。あなたに、恋が出来ないということの一つには、多分、あなた自身を信じていない部分がある、と僕は思うのです。いいですか、今まで言ってきたことの逆説なのですよ、よく考えてくださいね。

あなたは、あなたが興味を持った人のことを本当に信じられるあなたがいるかどうか、迷っているのです。分かりづらい言い方ですが、これはとても大事なんです。

まず、あなたがあなたの気持ちを分かっていないから、つまり、目の前にいる人のことを本当に興味があるのかないのか深く考えようとはしていないから、つまり自分を信じようとしないために気持ちの途中で他のことを考えてしまうのです。

だから、見落としてしまうのです。しかし、軽はずみな人は、上手い話であなたに近付いてくるから、分かりやすいわけです。その原因は、さきほど言ったあなたの純粋で素直な笑い声。

いいですか、あなたは、出来るだけ直接的な誘いにのった方がラクなために、あなたの考える気持ちを途中で放棄してしまうのです。ですから、時として真実を見失ってしまうのです。

自分から進むより、相手から押された方が手っ取り早いから、そんな誘いにのってしまうのです。自らあれこれ考え、試行錯誤するなんてこと面倒なだけ、と答えを出してしまうのでしょう。

恋は、あなたの自主的な考えのもとに生まれ、そして育っていくものなのです。チャンスを待ちながら、チャンスと思った。しかし実は、落とし穴にはまって、立ち往生してしまうのです。

自分の目で見て自分の頭で考えてください。相手の押しに甘えていないでください。自分から率先して恋を導き出すのです。主体的な行動、考え方が、あなたにふさわしい恋を近づけるでしょう。

恋しましょう レッスン❽

一人になって、自分がどんな人を好きなのか言葉にしてください。声を出してあなたの考える、あなたの恋を物語ってください。恋人はどんな人なのか、その彼とどんなデートをするのか、何を食べるのか、日曜日は二人で何処へ行くのか……そんなイメージを具体的に言葉にしてください。

良い想像力は、悪い現実よりも得るものが多いでしょう。良い想像で、早く良い現実を手にしてください。

第2章

恋する心を育てると、すべてに優しくなれます。

道ばたに咲いている小さな花、
とつぜん降り始めたキラキラ光る綺麗な雨、
そういうものにも心を寄せましょう。

規則

何から何まで決めてしまって、
ただ待つだけの女性になっていませんか。
日々の中に変化を求めてください。

★日々の生活のリズムを変えてみる

仕事の終業チャイムが鳴る十分前。洗面所に入ったままなかなか出てこない。同僚の人たちは、彼女はデートかな、念入りにお化粧をしちゃって、と噂をしています。

しかし実際は違っていたのです。一応、見せかけではお化粧をして彼の元へ向かう準備を装っているのですが、ただ家に帰る準備だけなのです。念入りにお化粧するどころか、手抜きのパタパタ。まぁ、とりあえず、はげかけたファンデーションと口紅ぐらいで、ふーうっ、と鏡を見てためいきをこぼして、また、今夜も一人でコンビニ弁当か、なんて内緒の独り言。

そして終業のチャイム。虚しい響きが空腹のお腹と心に広がります。仕事をしている同僚に、いかにもデートの振りしてオフィスからサヨナラと飛び出しました。めざすは、いつもの地下鉄とバス。目的地は、ジブンチ。

そんな生活を送っていませんか。色気も余裕も、ましてや「ときめき」さえとも無関係の寂しい日々と暮らしていませんか。恋をしたい、なぜ出逢いがないの、男の目は腐っているの……と嘆くばかり。

さぁ、今日からはそんな嘆きの日々とサヨナラしましょう。明るく、溌溂と、本当にデートに行くためのお化粧をするのです。同僚が陰でコソコソ言わない本当のデート。その一歩を踏み出すための素敵な変化を始めるのです。いつもの道よ、サヨウナラ。いつもの時間よ、サヨウナラ。

まず、定時に帰っていた人は、今日からしばらく一時間ほど残業しましょう。仕事がなくっても、誰かの手伝いをすればいいのです。みんなが驚いても、そんなの気にも留めないで、何くわぬ顔で「手伝うわよ」と当たり前の調子で言いましょう。

最初の日は何かあったのかと社内でも評判になるかもしれません。でも、いいのです。気にしない気にしない。一生懸命、一時間程残業して、帰宅。

すると、誰かがきっとあなたを食事なんかに誘ってきます。相手が誰であろうと誘いに応じましょう。ついでに、ちょっと気になっていた男性に一緒に行かないかと声をかけてみましょう。結構、上手くいったりするのです。

食事の誘いがなくても、いいのです。残業が終わったら、いつもの地下鉄の駅に行かないで、一つ先か前の駅まで歩きましょう。駅までの風景を楽しみながら観察しながら、ぶらぶら歩きましょう。

ちょっと余談ですが、僕の仕事の作詞は、街を観察することが仕事なんです。道行く恋人たちを見ながらあれこれ想像するのが仕事なんですよ。

オープンカフェのテーブルで向かい合う恋人らしき二人を見ながら、その二人の関係を想像したり創作したり、喧嘩をしている場面なら何が原因だったのか、自分勝手に物語を作ったりして歩いているのです。そんな遊びをしながら、あなたも歩いてください。

いいですか、あなたは今までの生活とはまったく違った世界へ飛び出したのです。お分かりになりますか。時間も、空気も、風景も、あなた自身の気持ちさえ、今までとはまったく違う世界なのです。

★ただ待つだけでは何も始まらない

何となくの毎日は、いつもお腹一杯で足を投げ出してドッコイショと坐りたいだけの日々でした。早く家に帰ってゆっくりしたい、と。たとえ出逢いが欲しいと望んでも、ゆったりしたい気持ちには勝てなかったのです。とにかく早く家に帰って、シンドイ一日から解放されたいだけだったのです。

しかし今日からは、そんなあなたの今までの生活のリズムに変化が生まれたのです。もっともっと何かが欲しい。平凡ではなくて、気持ちが揺れるような何でもいいから、変化が欲しくなったのです。気持ちが満腹じゃなくなったのです。

人の出逢いのきっかけは、そんな気持ちに芽生えるのです。出逢いがない、と言って嘆いていたあなたは、ただ待つだけの女性になっていたのです。

自分から先手を打つような積極性がまったくなかったのです。待っていれば、いつか何かが始まると錯覚していたのです。そんな気持ちには誰も入ってきません。

あなたは待っているにもかかわらず、実際は誰も寄せつけなかったのです。知らずに、そんな態度を誰彼に見せていたのです。見せていただけではなく、寄せつけないようにアピールしていたのです。それでは、人は集まってきません。

時間も空気も風景も変えたあなたは、とても空腹になっています。だからまた、他の空気を吸いたくなるのです。一人でなんて絶対行かなかったレストランへも行けるようになるのです。喫茶店でもいいでしょう。一冊の本を読みながら、充実した時間を過ごすことが出来るのです。

あるいは、別の風景に逢いたい、と地下鉄をやめてバスに乗りました。窓からは初めて気がついた暖かな街並が見えます。そして発見をするのです。とても瀟洒《しょうしゃ》なフランスレストランなんかを。いつか行ってみようとわくわくします。その一つ一つを実行していくと、あなたはもう新聞のテレビ欄とにらめっこしていたヒマ人とはまったく別人になっているのです。

肌の艶はキラキラ輝いて、唇にはためいきもなくなって、瞳は好奇心にあふれ、胸の中には未来しか映らなくて、脚はどこへでも行けるようなシャープさでキュッと引き締まって、あなたの全身が美しく溌剌《はつらつ》としてくるのです。

そんなあなたを、世の中の男性が放っとくと思いますか。歩く道を変えたから、出逢う風景を変えたから誰かと出逢うという短絡的なものではないのです。あなた自身の外面も内面も、全部が変化を遂げるのです。

僕の言うことを疑う人は、今すぐチャレンジしてみてください。一カ月後、二カ月後には、あなたはみんなから、どうしたの、と羨ましがられるはずです。

恋の出逢いがない、と嘆く人の多くは、早く自分の部屋に帰ってゆっくりしたかった人が多いはずです。あるいは、友達に無理矢理食事会や飲み会に連れられて行って、目だけキョロキョロさせていた人なのです。自分の意志を使っていなかったのです。

自分から本当に楽しんで、時間、空気、風景などを変えようとしなければ、あなた自身が変われるはずはないのです。今日からさっそく始めてください。

恋しましょう レッスン❾

本屋さんに行って、地図を買ってください。あなたの会社の近辺。家の近辺。散歩の本でも、バスの路線図でもいいのです。じっと見つめてください。そしてイメージしてください。どこからスタートしようかと。

いつもの駅と違う駅に向かってください。時間がかかってもいいじゃないですか、一人で新聞のテレビ欄を見ているよりもわくわくしますから。そして歩き始めてください。いつもと違う風景の中を。

趣味

……………一人で部屋に閉じこもっているよりも、趣味で多くの人たちと出逢うことの素晴らしさ。そこに誰かが待っているのです。

★思わぬ出逢いが待っている

趣味は何ですか？　と聞かれることはありませんか。

「いや、別に、特別に趣味というものに興味がないのです」と分かったような分からないような返事をして、その度に何かしなくては、と焦ったりして周りを見渡したりして、そのうちに忘れてもう何もなかったようなかつての日々に戻っていくのです。

そんなことを繰り返して、人生の何分の幾つかを無駄にしているのです。

趣味は、特別なものではないのです。些細な日常の一部だと僕は思っています。しかしそれこそが、人生を豊かにするものであり、恋に結びつく重要な一部分だと思っているのです。

出逢いをつくろう、というのがこの章のテーマなんですが、実は出逢いの場所にもなるものが趣味なのです。

恋と趣味を遠い存在に置いているから、なかなか気が付かないのですが、実際僕の知り合いにも趣味を通して出逢ったカップルも多いのです。

たとえば茶道教室。日本の伝統に触れながら、異性との出逢いが実現するのです。出逢いのために茶道教室に通うといったら、その関係者に叱られそうですが、それはそれで心の中に秘めて茶筅《ちゃせん》とおしを習ったり、水屋のことを習ったり、掛け軸の見方、お茶のたて方……と、そして横目で気にいった異性の立ち居振る舞いに酔いしれたり、結構楽しいと思います。男性が足のしびれで突然転んだり、と笑える場面もありますから、緊張の連続だけではないはずです。

そのうち、焼き物にも興味がわき、気の合った人たちと古美術店巡りとか、名陶地巡りとか旅行にも行くようになって親密度が増して、恋の完成。

あるいは、習うだけではなく、コレクションという趣味もあります。女性でしたら何でしょう。ブランドもののバッグがいいという人もいそうですが、それもいいでしょうが、もうちょっと別の、人形なんか最近のブームですね。

趣味がない、という人はただ機会が少なかっただけなのです。まったくなかったのではないはずです。特別な存在にしていたために、とっつきにくくて、面倒なものにしていたのです。

趣味は何ですか、と聞かれたら「散歩」と答えればいいにもかかわらず、散歩は趣味じゃないと勝手に判断していただけです。

普段、何かをしていることを「趣味」と位置付けることによって、もっと深く探りたくなるはずです。散歩でいいのです。散歩を趣味にすれば、それでは散歩をもっと極めるために、サークルはないか、散歩の本はないかと視野を広げていきますよね。すると、そこから人との出逢いが始まるのです。

人が出逢うためには、あなたと誰かもう一人の人が必要です。そう考えると一人でいては出逢いはないわけです。

そのために、趣味という世界へ参加して、一人でも多くの人との交流の中から、自分に合った人と親密になる。そこから恋が始まる。

そんなとても単純な方程式が生まれるのです。趣味を恋の始まりに利用しましょう。

★趣味の見つけ方

何を趣味にしたら良いのか分からない。そんな人のために、日々を思い浮かべてください。

あなたは、何をしている時が一番楽しいですか。充実していますか。それを書き出してください。寝ること、と答えた人も、それでいいのです。眠ることに関することの趣味だってあるはずです。

マクラのこと、夢のこと、心地よく眠るための香りのこと、眠る前の簡単な体操、頭の向き、もちろんフトンに関すること、ちょっと考えただけでも、寝るということから幾つもの項目が挙げられます。さて、インターネットで検索してみましょう。

あるわ、あるわ。一つ一つ見るのが大変なぐらいあります。その中には、サークルとか研究会なんかもあるでしょう。そこに参加して、もっと気持ち良く寝ることを研究してみませんか。人が、集まってきます。もちろん、その中の一人があなた。

寝る、というそんなごくごく日常的な中から、立派な趣味が始まりました。

料理が好きな人は、料理なんて当たり前で趣味でも何でもない、と思っていませんか。しかし料理も立派な趣味。最近では男性も料理が趣味と答える人がとても多くなりましたよ。

あなたの料理を、ただ単に日々の食生活だけのためではなく、もっと広げてみましょう。和のものが多かった人は、イタリア料理。その逆も同じで、そんなレパートリーを広げるために教室に通い始めました。

何だ、男性がいない、と嘆かないでください。そこで出逢う女性の友達。話が合って教室以外でもお茶をしたり食事をしたり、あるいは料理のための買い物に行ったりしてお互いの交友範囲を紹介し始めるでしょう。

すると、そこにはあなたにとっては、まったく違う人たちとの出逢いもあるでしょう。一人と出逢うと、そこには想像も出来ないほどの交流の数が存在するのです。まったく違う生活をしてきた人、歩く街も違います。食事をするレストランも違います。言葉だって違うのです。同じ日本語なのに、単語まで違っているのです。その人にはその人の生活のエリアがあるのです。

女性同士が出逢って、それを交換するだけでも、どのくらいの新鮮な風景と巡り合えるのか見当もつかないほどです。

相手の女性に恐縮しなくてもいいのです。あなたは恋の始まりのために出逢いを求めて料理教室に通い出しました。そしてその女性と仲良くなり、結果としてあなたのエリアが広がって、ついに素敵な男性とも知り合いになりました。

友達を利用したみたいですが、相手の女性もあなたの生活エリアの中で、きっと新しい何かを発見し喜んでいるはずです。お互い様ですから。

あなたのまったく知らなかった街並を歩いたり、使ったことのない料理の素材のある店に行ったり、初めて口に入れたケーキ、その街でしか聴こえない電車の音……そうこうするうちに、その女性の友人という人たちと出逢い、その中から……もう、あなたが想像してください。

人の繋がりは、あなたが行動することにより生まれてくるのです。趣味という世界から、普段の生活の一部のものが趣味となってそこから誰かと出逢うのです。

趣味を始めましょう。

人生がもっともっと楽しくなります。そのためには、あなたが行動し始めるのです。

恋しましょう レッスン⑩

一人が好きだから趣味に入れこんでいます、と一人でコツコツやらないでください。教室、サークル、研究会など人の集まる場所に参加しましょう。

趣味がないと思っている人は、自分の好きなことを書き出してください。そしてそれに関連する項目をさらに書き出してください。それを一つ一つインターネットで検索してください。趣味じゃないと思っていたことが、立派なテーマとして趣味の世界になっているはずです。

集まりに出かけて行くのです。出逢いの始まりです。

貧乏

……人を恨んだり妬んだりして、
自分自身の心を曇らせていませんか。
心の貧乏人にならないでください。

★心の貧乏は幸せを遠ざける

自慢話に酔いしれる人がいます。僕の知り合いにも何人かいます。時として僕自身もそんな病気に冒されることがあります。自慢を得々としゃべっている最中に気がついて突然後悔することもあります。

本人としては、そんなに自慢話をしているつもりではなかったのですが、人からみれば立派な自慢話。最後までしゃべって、さらにまた何かを言いたがっているのです。

もうそんなヤツは、近くにいて欲しくないのですが、仕事の関係とかで仕方のないことも多いでしょう。

自分は誰某と仲が良いから、一緒にこんな仕事をした。いや、自分がその人の仕事を助けてあげた。今度あなたにも紹介してあげるから、僕を大切にした方がいいよと結局、自分中心の話になっていくのです。

あるいは、人の噂話をする人。それも悪く言う人。あの人にお金を貸しても返してくれない、挙げ句の果ては私のことを逆に恨んでいる。いますよね、だったら最初からお金を貸さなければいいのに、貸したアンタが悪いのだよ、と言葉のビンタの一つでも与えたいぐらいです。

人の噂を気分悪く言いながら、感情はその反対で気持ち良さそうにまるでサディスティックな人。あの人は仕事が出来ないくせに、彼を三人も四人も作って遊んでいる。本当に性格が悪い人だ、と言っている人。

アンタがもてないから、その鬱憤を晴らしているだけでしょう。単なる嫉妬じゃないの、と怒鳴ってやりたくなります。

あるいは、自分をいつも悲劇のヒロインにしている人。これも、嫌ですねぇ、見え透いた嘘を言っているようで、本当は自分はどんなに素晴らしいのか言いたいのに、悪く言うことで自分の大きさなんかを言っているのです。被害妄想的自信過剰症、と僕は呼んでいます。

自分を卑下することによって可哀想と思わせるのではなくて、こんなに出来たわたしなのにまだまだ自分は未熟だと言いながら、相手の気持ちの中にスーッと入り込んで自分シンパにさせるのです。

こういう人って、いくらでも嘘がつけるのです。相手によって同じことも違うように言ってのけることが出来るのです。恐い恐い、と僕は下を向いてしまうのです。

さらにあるいは、人を差別する人がいますね。パーティーなんかで自分に都合のいい人には優しく振る舞ったり、いや、その場のことではないのです。

この人が気持ち良くなるように接しておけば、いつか別の日に何か役に立つと思って、つまり計算で優しく接するのです。

どうでもいいような人、使い道のないような人、あくまでもその人にとってですよ、そんな人には見向きもしないどころか、鼻でフンとあしらってしまうのです。嫌ですね、そんなヤツに近寄られたら、危険さえ感じます。

いかがですか、そんな人と逢ったことはありませんか、というよりも、あなたがそんな人ではないですか。

僕は、そんな人たちを「心の貧乏人」と呼んでいます。いけない呼び方かもしれません、貧乏人なんていう言葉はね。しかし、心の貧しい人では足らなくて、やっぱり、「心の貧乏人」でいいでしょう。

そんな人になっていないかどうか、よく胸に手を当てて考えてみてください。もし、ちょっとでも思い当たるふしがあったら、今日から今すぐから「心の裕福人」に届け出を出してください。あなたの意志の中にです。

★心の裕福は顔に出ます

たとえ美人であっても、お化粧が上手であっても、スタイルが抜群と言われていても、僕の呼ぶ「心の貧乏人」は何かに怯《おび》えているのです。

自分の本当の姿を知っているために、仮面の剥がれることを心配して目のまわりがピクピクしたり、何かのはずみに手が震えてきたり、別のグループの話声が聴こえた瞬間に反動して胸がドキドキしたり、必ず肉体に悪い影響を及ぼしているのです。本当の姿に気づいていなくても潜在的にその人に信号が送られるのです。

「おい、心の貧乏人のアンタ」と、肉体を傷つけるタイミングを、潜在という見えない力がいつも狙っているのです。そんな人間になりたいのですか。

本当は、どんな時も多くの人から愛されて育ってきたはずです。人の優しさや愛というものに触れて、そして幼い頃は絵本やテレビのアニメーションで人間の素晴らしさを見てきたはずです。何がいけないことか、何をすれば人は幸せになれるか長い間、学んできたはずです。

しかし、いつの頃からか、自分以外の人、特に自分にとって都合のよくない人が苦しめばいい、と思ったりして、口には出さないまでも心のどこかで思ったりして、それに慣れていったのです。

ずっと好きだった先輩と一緒に歩いていた人のことを嫌いになるだけで、心に悪い記憶が刻まれるのです。それが一つ二つと増えていく度に、その刻まれた記憶に慣れていくのです。何でもない普通のものになっていくのです。何も感じなくなっていくのです。

人を恨んだり妬みを持つことが、どんなに醜いことかずっと以前なら感じていたのに、それを繰り返すうちに慣れていって何も感じなくなっていくのです。そして、「心の貧乏人」に姿を変え始めていくのです。

純粋で素直な心が、ドロドロの汚いものになったままでいいのですか。すぐに洗い流して、元々の透き通ったものにしてあげてください。簡単なのです。毎日毎日、人を優しく思えばいいのです。

街を歩いています。すれ違う、まったく知らない人。ふと目が合った瞬間、とても哀しそうな表情を感じたとします。ザマァミロと思ってはいけません。哀しい人間が大勢いれば安心だ、と思ってはいけません。そんなこと思う人はいませんよね。

でも、哀しい目だと思ったら、心の中でその哀しさを取り外してあげたい、と思ってあげる気持ちなのです。それだけでいいのです。わざわざ近付いて、理由を聞く必要はありません。自分自身が感じることでいいのです。そんな気持ちが大切なのです。

綺麗な花を見たら、綺麗と感じる。逆に汚い鋪道に気付いたら、綺麗になればいいのに、と感じることが大切なのです。たったそれだけを繰り返すだけで、いつの日か「心の裕福人」になっています。

恋しましょう レッスン⓫

いつもいつも心を動かしていてください。何かを見たら、それがどうなのか。誰かを見たら素敵なところに気づいて感じるのです。美しい空を見上げて詩を作ってみるのです。上手でなくていいのです、感じたままをつぶやくだけでいいのです。あなたは、いつの日か、とても魅力的に生まれ変わっているはずです。

自信

……………自分の考えとか、
自分自身というものを主張して、
出しゃばらず控え過ぎずで存在感をアピール。

★もっと自分を主張しましょう

出逢いがないと一人で悶々としている人の中には、人との交流が苦手な人が多いということに気づきます。

人とのコミュニケーションの取り方が分からないとか、話を合わせることが苦手だとか、大勢の中にいるとどうも陰的存在になってしまって惨めだとか、自分に話を向けられるとドキドキしてしまい言葉が出てこないとか……人によって理由はさまざまですが、控え目なんですね。

そう、良く言えば控え目なんですが、悪く言うと人付き合いが下手であり社交的じゃないというのでしょう。

日本のかつての時代には、「おしとやか」という表現で美化されたものでしょうが、今の時代では古くさいタイプの人間と言われそうです。決して誉められるものでもなさそうですよ。出る場所をきちんと考えて、そこでは自分の考えなり、自分というものを主張して、出しゃばらず控え過ぎずで存在感を漂わせることが綺麗ですね。

時々集まりがあって僕も出かけて行くのですが、よく見かけるのは主役になっている人が上手に場を盛り上げていると、そのグループが生き生きとしているのですが、中心が片寄っているとギクシャクしているのです。

一部の人だけに脚光を浴びせるようなやり方ですと、その場全体が陰になっているのです。本当に不思議なのですが、中心人物の采配の仕方でパーティーの楽しさも盛り上がりも決まるのです。

中心人物だけの責任にしてはいけないのでしょうが、やはり司会者的な存在の人の指揮如何によりますね。

僕はあなたに「出しゃばれば」出逢いがある、と言うつもりはありません。出しゃばることとなんて僕自身も嫌いで、どちらかというと控え目であることに美意識を感じる人間なのです。

さて、皆さん、控え目にしていながら多くの人の視線を集める方法をお教え致しましょう。これは絶対身に付けて、あなたの社交界のデビューに役立ててくださいとは、大袈裟ですね。

社交的じゃない人って、自信が持てない人に多いのですよね。自分に対する自信なのです。よく聞くことですが、口下手とか地味だとか……そんなこと誰が決めたのですか。国家試験があって、あなたは口下手と決められたのですか。

違います。以前あるパーティーでとんでもない失敗をしたのです、という人はいるかもしれませんが、そんなものも昔の話。

すべてすべて、あなた自身が決めて、あなたに押し付けているプレッシャーなのではないですか。欲しくはないものを、あなた自身があなたに与えているのです。とても有難迷惑な心理的障害物なのです。そんなものに左右されてあなたは嬉しいのですか。そんなものに押さえ付けられて、あなたは人生の多くを損しているのです。

気がついた今日から、さっそくその心理的障害物というドレスを脱いで、もっと肩の力を抜けるようにしましょう。

★自分自身を褒めて自慢してあげましょう

何でもいいのです、あなたが自分の何か、どこかに満足出来るものを一つ見つけ出しましょう。

たとえば、爪のカタチがとても綺麗。笑った時にエクボが出来る。私の目のカタチは菱形で物思いに耽っているように見える。歩く時、少し内股になって女性らしい。皮膚が綺麗、指が長い、声が透き通っている、メガネがとても似合う、腰の位置が高い。あるいは、歴史について特に江戸時代に関しては知識が豊富、茶道を長くやっている、芸能人の話はよく知ってる、本をとても多く読んでいる……書き出したら人の数以上になるでしょう。

何でもいいのです、あなたが自信あるもの、あなたが興味を持っているもの。

とにかく一つ見つかったら、あなた自身に自慢してあげるのです。人に自慢するのは別の話として、あなたに自慢するのです。鏡に向かって、あなたに言ってあげるのです。「ほら、唇がとっても色っぽいじゃないの」と、あなた自身に言うのです。

誰にも嫌な感じは与えません。誰からも非難されません。とにかく鏡に向かっても向かわなくても言ってあげるのです。

「今日は早起きしたね」それでいいのです。そんなことから、あなたは自分の中にもう一人のあなたを作りだせるのです。

いいや、二重人格というものではありませんよ。自信を持った、あなたが誕生するのです。

あなたの今までは、「自信がない」という脅迫で、あなた自身を孤独という部屋の中に閉じ込めていたのです。そこに長くいる間、一人でいるラクさに慣れて、人との交流を避けていたのです。あなたがあなたを脅迫していたのです。

とても辛いはずの孤独を普通にしてしまっていたのです。可哀想なことです。それこそ惨めなことなのです。「私は人と集うことが下手で、出逢いがなくても仕方がない」と自分自身に言い聞かせてきたのです。

しかし今日からはもうそんな生活にサヨナラです。

あなたはあなたにしかない、たった一つの自慢を知ったのです。それを身につけてしまったのです。誰が何と言おうと、もう勝つしかありません。勝ち負けではないでしょうが、昨日に比べたら実際勝ったのです。人生のある時期、あなたはもう一人の自分に逢えて、昨日までの自信のなかった過去のあなたに勝ったのですよ。自信を持ってください。

社交的じゃないね、と人に言われても微笑んでいればいいのです。だけど人の前で堂々と自分を主張出来る気構えを身につけて欲しいのです。出しゃばる必要なんてまったくありません。あなたなりの、「出しゃばらず控え過ぎず」がきっと心地良いでしょう。

「私の爪のカタチは綺麗だ」それをずっと心の中であなた自身に自慢してあげているのです。綺麗な爪のカタチが、自慢する度にもっともっと綺麗になっていくでしょう。

いいですか、人に自慢しては駄目です。あなた自身に自慢してあげるのです。毎日、自慢してください。あなたはたくさんの人の前でも、堂々とあなたでいられるはずです。あなたが、あなたでいるからこそ、みんなが集まってくるようになるのです。

社交界は、実はむこうからやってくるものなのです。ぜひ、今日から自慢してあげてください。

恋しましょう レッスン⑫

先ほども言いましたが、あなたの自慢を一つでも二つでも見つけてください。難しく考えないで、ふっと思ったことでいいのです。

それを鏡に向かっても、壁に向かってもいいのです、自分に言ってあげましょう。

それを毎日繰り返してください。

すると、昨日までのあなたにもう一人のあなたが誕生するのです。

笑顔

……………怖い顔をしていませんか。
余裕も優しさも暖かさも、
瞳の微笑みから生まれるのです。

★いつも微笑んでいましょう

道を歩いていました。前にゆっくり歩く人がいて、その人を抜き去ろうと早足になりました。アッという間に前に出ました。その速度を保ったまま歩き続けました。次から次へと人を追いこして行きました。ふと、ショーウィンドウに映る自分の顔を見ました。何と、まるで怒ったような顔つき。険しい顔をしていました。

ずっと僕はそんな恐い顔で歩いていたのです。きっとすれ違った人たちは、そんな僕の顔を見て道を譲ってくれたのでしょう。とにかく、恐い顔をしていたのですから。

時々、僕はこんな失敗をしているのです。恐い顔。急ぐ必要もない時に、なぜか一生懸命早足で歩いてしまうのです。せっかち、という性格のせいかもしれません。

しかしもっとゆっくり楽しみながら歩けばいいのに、なぜそんなに急ぐのと自分に言い聞かせることも度々なのです。そして、恐い顔。仮に、知っている人が僕を見つけても、声をかけないかもしれません。

結局、余裕を持っていないのでしょう。人と出逢いがないと言っている人の中には、そんな理由があるのかもしれませんよ。気持ちに余裕がないために、必死に必死に何かをする。すると、顔が恐くなってくる。そんな人に声を掛けようとしても怯《ひる》んでしまうでしょう。

そうなんです、出逢いがないのは、案外自分自身がその理由を作っているのかもしれないのです。

映画をよく観ます。男優でも女優でも、いい役をしている人って、いつも微笑んでいるのに気づいたことはないですか。相手を見つめる瞳が確かに微笑んでいるのです。

どんなセリフよりも、言葉を感じます。優しさを感じます。その人の人間の大きささえ感じます。ちょっと顔を斜にして、瞳で微笑むシーンさえあれば、その人は間違いなくいい人と思ってしまうのです。

チェックしてください。

今、あなたは一人でこの本を読んでいて、恐い顔をしていませんか。何か自分に思い当たる部分を見つけて、それを回想しながらおっかない顔をしていませんか。

駄目、駄目です。ほら、頬の筋肉を緩めて、少し角度を斜にして瞳で微笑んでください。そうそういいですよ、そんな感じです。人間の顔って不思議なんです。何かを考えたりすると、眉間に皺が寄って、知らないうちに恐い顔になっているのです。だんだん、その恐さも増していって、かつて失敗したことなどを思い出したりすると、もう、喧嘩をしているような顔つきになってしまうのです。

声をかけようとしていた人も、のどに声が引っかかってその場から逃げてしまうでしょう。

逆もあります。楽しいこととか、みんなで大笑いしたことなんかを思い出すと、知らず知らずニヤニヤしていますよね。そちらの方が平和でいいですね。

恋の出逢いを探すなら、いつも瞳で微笑んでいてください。

余裕も優しさも人間の大きさも、暖かさも感じます。厳しさも感じます。しかしただ単に厳しいのではなく、大きな心での厳しさを醸し出すのです。ですから、ただ恐いと思わせるのではないのです。

いつも瞳で微笑んでください。何もかもを包み込んでしまうでしょう。包み込むような優しい微笑み。包み込むような大きな人間性。包み込んでしまう人間としての余裕が、たくさんの人々をあなたに呼び込むのです。

あなたが大きく見えるから、みんなが集まってくるのです。相談事とか、一緒にいたいとか、希望のようなものを見させてくれるとか、とにかく、あなたの近くにいたいと思う人たちがどんどん集まってくるのです。

それは、あなたの瞳の微笑みがそうさせるのです。

★瞳の微笑みがあなたの魅力

今までほんの数えるぐらいの人とお付き合いしていなかったのに、あなたは瞳の微笑みのお陰で、十人、二十人、百人とお付き合いが増えていくでしょう。みんなみんなが、あなたと一緒にいたい、近くにいたいと思うのです。

嘘だと思うなら、さっそく今から「瞳の微笑み」の練習をしてください。眉間に皺を寄せているよりも何倍も美しいし、何十倍も余裕を感じさせるはずです。遠ざかっていた人たちも、あなたの近くにまた集まってくるでしょう。

しゃべり方も、ゆったりしてください。余り声を高くしないで、少し低音ぎみにしゃべるのです。落ち着いてしゃべってください。早口も厳禁です。

きっと今までは、彼が出来ないとか、友達が少ないとか、そんな気持ちのプレッシャーで自分を押さえつけて、余裕がなかったのです。

本来持っている、優しさも大きさも芯の強さもすべて押さえつけて隠してしまったのです。もったいない話です。ですから、出逢いどころか、普通のお付き合いさえも少なくしてしまったのです。

ここでは、二つのことを吸収してください。一つは「瞳の微笑み」です。ゆったりして、頬の筋肉を緩めて人間らしく微笑むのです。ゆったり、ゆっくりです。相手の人を優しく包み込むように瞳で微笑んでください。

二つ目は、ゆっくりしゃべることです。トーンは高すぎないようにしてください。これも、相手を大きく抱きしめるようにゆっくりしゃべってください。

とにかく、その二つを実践してください。まるで嘘のように、あなたの今日からが別のものになるでしょう。

誰かとコーヒーを飲む機会にそれを確かめてください。本当に、あなたは変われるのです。昨日までの、せっかちで自信のない早口がなくなって、相手の人はあなたの話す一言一言に食い入るように耳を傾けてくれるでしょう。あなたの人間性にとても魅力を感じてくれるのです。

多分その人は言う必要のないことまでも、あなたにしゃべってしまうでしょう。とにかくあなたに、何か話したくて仕方なくなってしまうのですから。

そして、あなたの優しく包み込むような瞳の微笑みに、相手の人はしっとり抱きしめられたように気持ち良くなっていくでしょう。

大袈裟ではありません。事実を僕はお話ししているのです。出逢う人々に、あなたは優しさをあげられるでしょう。出逢いがなかったと嘆いていた人に、たった二つのことが解決をもたらしてくれるはずです。

どうか、新しいあなたを誕生させてください。こんな簡単なことですが、知らず知らずのうちに、恐い顔に戻り、焦った喋り方に戻ってしまいますから、いつも忘れないようにしてください。

恋しましょう レッスン⑬

鏡に向かって、頬の筋肉を緩めてください。そして瞳で微笑んでみましょう。作った笑顔は駄目です。自然に出来るまでレッスンしてください。そして、声を少し低音ぎみにして何かをしゃべってみましょう。外では時々ショーウィンドウで確認も。

生活

……日曜日、何の約束もなくゴロゴロ。ヨッシ！　と腰を上げて掃除をしていると、誰かを呼びたくなってきませんか。

★掃除上手は恋を招く

これは僕の持論なのですが、掃除の上手な人は「遊び上手」だと思うのです。遊び上手って、決して悪い意味のものではなくて、クリエィティブという意味ですから誤解しないでください。友達と集まって食事をして、人の噂をつまみにお酒を飲んだりグデングデンに酔っぱらってサヨナラ、というだけのものではなくて、仕事が終わった後の数時間をクリエィティブに過ごすのです。簡単に言えば「遊びの工夫」でもいいのです。僕は友人と楽しい遊びをします。

ある日の夕方六時に、男だけで集まりました。僕と映像関係の男性、古美術店の番頭さん。そして、会社に勤めている男性。普通なら、お酒を飲む店に入って乾杯となるはずです。ところが、違うのです。

僕の家に戻り、車に乗って山梨県の甲府に向かったのです。約二時間のドライブ、そして甲府で葡萄を買ったり、野菜を買ったりして、ある人は葡萄を実家に送ったりして楽しい時間を過ごしたのです。夕食は甲府でほうとうや、すいとんを食べました。そして東京に戻って車を駐車場に戻し、お酒の店に行ったのです。

男性だけですが、とても楽しい充実した六時間でした。しかもこれ平日の話なのです。

こういう遊びが多いのです。僕の部屋に多くの友人が度々集まります。お酒を飲みます。しかし、みんなで書道なんかを始めるのです。短歌を作ったりもします。アッという間に時間が過ぎていきます。

ただ単にみんなで集まって、ワイワイガヤガヤもいいのですが、何かクリエィティブに遊ぶといつも新鮮なのです。

さて、掃除の上手な人って「遊び上手」と言いましたが、本当にそう思います。掃除は単に掃除機でホコリを取り払うことだけじゃないのです。

もちろん、部屋中を清潔にすることですが、その後に、花を生けたり壁の絵を取り替えたり、音響機器の周りにちょっとした置き物を置いたり……とインテリアを工夫するのも掃除の要素ではないでしょうか。一緒にやりますよね。僕は、そうです。はたきをかける。掃除機をかける。雑巾で拭く。そして壁の絵とか、床の間の茶碗とか、サイドボードの上の小物を取り替えたりとか、それは一種の儀式みたいに僕の中では厳粛で楽しいものなのです。

全部、終わります。部屋の中には新しい空気が流れ、壁に掛けた絵も鮮やかに見えます。久々に登場したブロンズの像は、僕にその存在をアピールしているように黒光りしています。みんなみんな、僕の生活の一部なのです。

すると、僕は誰かを呼びたくなってくるのです。せっかく、こんなに綺麗にしたのだから、これを僕一人で独占するのではなく、この空気の良い部屋の中でみんなと乾杯したいな、と。気持ちがわくわくしてくるのです。

あっ、そうだ、あの人を呼ぶなら、あのビールがあった方がいい。あの人を呼ぶなら、この盃を出しておこう……とこんな具合なのです。

★部屋に誰かを呼びたくなる

あの人が喜ぶには、どうしたらいいか。あの人が誉めてくれるためには、何を準備しておいたらいいいか。僕は一生懸命そんなことを考えます。まるで、演出家のようにあれこれ気を配るのです。しかし、これが本当に楽しいのです。

みんなと同じ時間を共有するために、ある時間を分かち合うために、どんな準備をしたらいいか考えることは、僕の心のクリエィティブな部分をとても刺激してくれるのです。

とてもいい天気だったから、部屋の掃除を始めた。その結果、友人たちを家に呼びたくなった。一人でいるはずの日曜日の夜が、まるでパーティーみたいな時間に変わっていくのです。集まった人の中から、誰かを恋人にしようなんて、まったく思っていません。しかし、いつも逢っている友人とまた違った感覚で逢えるのです。そんな気持ちのわくわく感は、一人でいるラクさ加減をはるかに超えてしまいます。

日曜日の夜ぐらい、ゆったり一人で過ごそう、というのも分かります。でも、掃除をして気持ちも部屋中もキラキラして、人を呼びたくなって、その結果一人のゆったり感を失ってもまったく大満足なのです。

むしろ、その方が明日への活力となりそうで、ちょっとぐらい、月曜日から二日酔いでもいいい、と納得してしまいます。

人との出逢いがない、と部屋の中でゴロゴロしていませんか。まぁ、適当に拭き掃除ぐらいして、そうそう自分一人しかいないのだから、また、明日から会社、部屋は寝るだけの場所だから、そんなに神経質にならなくてもいい。そんな風に思っていませんか。

部屋はあなたの活力の源なのです。部屋のインテリアを考えたり、食器棚に並べる様々な器を一つ二つと買い揃えていく楽しさ。一度やってみてください。

そんなにお金をかける必要はありません。カーテンも時々は洗濯して、テーブルの上に置く小物にもあなたなりの感性を光らせ、急に人を呼びたくなる気持ちを沸騰させてください。電話を掛けたけれど突然で誰も来られない。それでもいいのです。あなたの気持ちの動きが、あなた自身を変えていくのです。

人を呼びたい……今まではそんな感情が起きなかったのに、今その「感情という心の皺《しわ》」があなたに一本誕生したのです。

とても貴重な「感情の皺《しわ》」があなたの心に刻まれたのです。目には見えません。しかしこれからのあなたの人生に、その「感情の皺」は幾つものきっかけを与えてくれるでしょう。だってあなたはもう体験者なのです。

人を呼びたくなる「感情の皺」を心の中で体験して刻んだのです。それが次の次の日曜日にまた起きるかもしれません。すると、もう初心者どころではないのです。人を呼びたくなる「感情の皺」、その積み重ねが、あなたを人との出逢いにきっと導いていってくれるのです。

日曜日の午後、何の約束もなく一人でゴロゴロ過ごしているだけでは何も生まれてこないでしょう。しかし、ヨッシ‼　今日は部屋の掃除‼　とあれこれし始めると、しかもインテリアも一生懸命楽しんで、人を呼びたくなる「感情の皺」を体験すると、もうあなたは、昨日までのあなたとは全然違う人間になっているのです。

考えてみただけても、わくわくしませんか。部屋も綺麗になって、しかもあなたも輝いてくるのですよ。心の中からですよ。この本を読んだ今度の土曜日でも日曜日でもいいです、ぜひ実現させてみてください。

恋しましょう レッスン⓮

本屋さんに行って、インテリア関係の本を一、二冊買って、学習しましょう。花を活けたり、花器はいつも使っているお茶碗でいいのです。

工夫です。絵はあなたが描けばいいのです。紙は空き箱をつぶしてよりアート風に。すべてクリエィティブですよ、ルールなんてないのです。

楽しむことが大切なのです。そして、電話で……。

言 葉

……………言いたいこと、やりたいこと、
自分の言葉ではっきり伝えましょう。
あなたの言葉があなたの魅力を表現します。

★自分の気持ちを言葉にしてみましょう

何て言うか、見ていてじれったい人がいます。言いたいことは一体何なの。それでどうして欲しいの。えっ、はっきり聴こえないよ、もっと大きな声で言ってくださいよ、もう、イライラしてしまうから、ねぇ……という感じなのです。

仕事でも、恋の告白でも、あるいは、何を食べたいのか、自分の気持ちさえもはっきり言えない人がとても多くなってきました。聴く側にストレスを一杯溜め込むような人なんです。

あなたは、いかがですか。普段から、自分の意志を持とうとしていますか。どこかへみんなで行こう、という話になっても、自分はみんなの決めたことに付いていくから、みんなで決めてください。どうぞどうぞ、私の希望なんか無視してくれて結構です、と言っているみたいなのです。

それって、すごく残念なことで、まったくいてもいなくても、どちらでもいいみたいです。そんな人間でいませんか。

もしそうだとしたら、あなたは、あなた自身の価値をとんでもなく下に置いてしまったことになるのです。「私は無視してください。されるままになります」とこんな状態を続けて、何か得られるのでしょうか。いえ、まったく得られないでしょう。失っていくだけですね、あなたの人間性も個性も価値も存在感も、さらにいつかみんなから置いてきぼりにされるでしょう。

だって、一緒にいても何も発見がないのですから、新しい楽しみも得られないのですから、サヨナラでしょう。

みんながラクと思うから、私は自己主張しない。そんな考え方は、きっとみんなの足手まといになっているのです。いつも何か新しい発見をみんなで掴んで、一緒に前に進んで行きたいと思っている仲間に失礼ではないでしょうか。みんなの意見に付いていくという考え方は、自分だけラクしようとしていることなのです。

今日からは、あなたが率先して物事をきめる立場に立つことにしましょう。決して出しゃばるということではないのです。あなたは自分の意見、意志をきちんと持ってそれを発表出来る人間になるのです。

恋の出逢いがないと一人でいる人は、きっと自分の意見、意志、希望などを人前で発言出来ないでいて、それでせっかくのチャンスを逃している場合があるのではないでしょうか。僕はそんな気がします。

何処へ行きたいのか、何を食べたいのか、そんな一番基本的な希望から始まって、私は将来こんな人間になってみたい、こんな人たちに役立つような仕事がしてみたい。今の世の中について、政治のこと経済のこと、日本の文化について、本当はたくさんの意見があるにもかかわらず、人前に出ると何が何だか分からなくなって、結局一人二人と後の席へと退いていく。

気がついたら、またいつものように多くの人の背中に隠れて、みんなの流れに合わせて歩いていた、ということなのです。哀しくて切ないですね、そんなことを繰り返していたら、いつまで経っても、恋なんて出来ませんよ。

★感情を演じてみましょう

あなたの部屋を劇団の稽古場にしましょう。劇団員はあなた一人。あいうえお、かきくけこ、さしすせそ……あえいうえおあお、かけきくけこかこ、させしすせそさそ……口をきちんと開いて、そうそう、口のカタチを母音に合わせてちゃんと作れば明確な言葉になります。

お腹から声を出して、はい、いいですか、あいうえお……それを何回も練習したら、今度は、今読んでいる小説でもいいです、新聞でもいいですから、ある一節を感情を入れて朗読してください。目の前に誰かがいる、という感覚で朗読してください。

楽しいでしょう、テレビばかり観ているよりも、時には自分が役者になったように朗読するのです。お腹から声を出すから、体調も良くなります。声をお腹から生まれさせ、そして胸を通らせて口から発するのです。

気持ち良くないですか、ダイエットの体操とか食品よりも、ひょっとして効果があるように僕は感じます。あいうえお……そして朗読。

今度は、目の前に好きな人がいる、と想定してセリフを言います。何だっていいのです、思い付くまま、空気が溶けそうな甘い甘い言葉でもいいのです。あるいは、ちょっと喧嘩ごしになってもいいのです。そう、今日彼は一時間も約束に遅刻したのですから、あなたの怒りをぶつけてやってください。

想像ですよ、怒りを想像して彼に今の気持ちの鬱憤をぶつけてやるのです。お芝居ですから、しかも誰も見ていないから何を言っても大丈夫。汚い言葉ですが、「馬鹿やろう、テメエなんか、嫌いだ」と大声で言ってやりましょう。お隣の部屋には届かないですよね、間違われないように注意してください。

いいですね、そんな感じであなたの気持ちをすっきり表現するのです。大丈夫なんです、そこは「あなた劇団」ですから。口をきちんと開けて、発音を確かめながら自分の気持ちを発言するのです。出来る限り毎日毎日やってください。

部屋の中で静かにしているよりも気持ち良くないですか。まるで人気のないお屋敷のようにシーンとしているよりも、明るく元気で溌溂としていて気持ち良いはずです。

そして、あなたは、今までは自分の意見、意志、欲求を押し殺して人任せにしていたことが嘘みたいに思えるでしょう。自分の言葉で自分の口から、自分の気持ちを表しているのですから、自分でも驚いてしまうのではないでしょうか。

でも、これが人間なのです。慣れてくると、早く人前でしゃべりたくなるでしょう。感情の抑揚も自然に出て、自分の気持ちを人前でしゃべることの開放感というか喜びに、きっと虜になるはずです。

もう、何の不安もありません。グループであなたの存在感が花を開きます。するとあなたの周りには、以前よりももっと多くの人たちが集まってくるでしょう。あなたとお話ししたい人が集まってくるのです。

「あなた劇団」出身のヒロインは、まさに恋の出逢いを呼び込んでしまったのです。僕は綺麗ごとを言っているのではありません。あなたの言葉できちんとした発音、自然な感情、そしてしゃべる喜びを知ってしまうと、どんな人たちの前でも、あなたがあなたでいられるのです。

あなたに隠れていた、あなたが知らなかった「あなたの言葉」が、あなたを二倍も三倍も百倍も魅力的に表現させるのです。とても素敵なことなんです。ウジウジ、ノロノロ、ジトジト、どことなく湿っぽかった性格に太陽が当たり始めるのです。もう大丈夫でしょう、恋の出逢いがない、などとは言わなくなるでしょう。

恋しましょう レッスン⑮

あいうえお、から、わいうえを、まで大きな声で発声してください。あえいうえおあお、から、わえいうえをわを、まで発声してください。口のカタチを正確に。次に朗読の練習です。小説、新聞、パンフレット、何でもいいのです。

そして、今度はイメージで即興でセリフを、どうぞ。あなたの部屋の「あなた劇団」です。

第3章

恋をしているにもかかわらず、どうして自分をそんなに傷つけるのですか。

人って安定すると油断をしてしまい、
涙の辛さを忘れてしまうようです。
気持ちは繊細で壊れやすく出来ているのです。

嫉妬

……なぜ人間は疑うと悪く悪く想像するのでしょう。
愛する人を信じることなのですが、
しかしあなたは又、何かをさがしている…

★自分勝手に苦しみたいのです

苦しむために恋愛するのが、嫉妬なのです。変な言い方ですが、事実、嫉妬して良いことなんて一つもないと思ってください。

女性ってとても不思議で、最近は男性にもそんな人が多くなりました。全然嫉妬しないと、それはそれで嫌だと言うのですけれど、その匙《さじ》加減。僕はそんなもの考えない方がいいと思うのです。

ちょっとの嫉妬について、僕は「気持ちの質問」と呼んでいます。「私のこと少しも心配しない。本当に愛していてくれるのかしら。ちょっとぐらい嫉妬して欲しい」と平穏無事な日々に波風立たせるようなことを友達に相談したりするのです。しかし、嫉妬が少しずつ強くなってくると、「嫉妬されて窮屈」だなんて言うのです。

気持ちの質問とはちょっと相手のことを心配して、「ねぇ先週の日曜日、誰と逢っていたの」と可愛い気持ちのドキドキ感をそっとさぐるものなのです。その場限りの質問なのです。引きずったりしないものです。

それを、少々の嫉妬と呼ぶのは反対です。嫉妬は嫉妬なのです。嫉妬は自分勝手に悪い想像を働かせて、自分一人で苦しみたい病気。

何かモヤモヤしている、それが二人のことが原因ではなく、たとえば仕事の不調なんかで持って行き場がないために、恋人に対して発散させようとする、まったく勘違いな症状なのです。

そんな馬鹿らしい渦巻きに飲み込まれて、言われた方はたまったものじゃありません。多少の原因はあるかもしれませんが、下手をすると別れに結びつく可能性もあるのです。

嫉妬は爆弾なのです。いったん爆発したら、最悪の状態までこなごなにするかもしれません。仕事の不調のはらいせに相手を疑ってみる。刺激を求めるために相手を確かめてみる。低レベルな疑いの気持ちが、別れを忍ばせているのですよ。目に鍵をかけて、行動半径を狭くする。真実を見ないようにして、最悪の想像だけで相手を疑う。あげくの果ては自分の行動半径を狭めるのです。嫉妬は何一つ良いことを運んできません。

★嫉妬しない方法

とても簡単なのです。相手を信じればいいのです。悪い想像力を使って、些細なことを広げなければいいのです。たった、それだけなのです。

だって、あなたはその人と別れたいのですか。何か疑うための原因を見つけて楽しいのですか。

違うはずですよね。好きで好きでたまらないから、自分だけを見ていて欲しいから、いつも一緒にいて欲しいから、自分といない時のことを想像してしまうのですよね。

たとえ一緒にいても、視線の動きが自分以外に向けられたとか、携帯電話の中に自分以外の人の声がしたとか、結局は愛しているから自分だけを見ていて欲しいのでしょう。

しかしあなたは、何かを探していたのです。マイナス要因を探して、それで相手の人の気持ちを「確かめたい」だけなのです。ところが、自分勝手に想像して、真実じゃない原因を想像して相手を疑い始めてしまったのでしょう。

嫉妬しない方法は、そんなことを想像しないことなのです。相手の人のことをすべてすべて信じればいいのです。疑うなんて最低です。

思い出してください。過去の喧嘩を。二人は喧嘩をして音信不通になりましたね。その時あなたは、一人で街に出ました。しかし、思うことは彼のことばかり。

あっ、彼が……と同じような服を着た人を追いかけませんでしたか。振り返って何気なく見てみると別人。ＣＤショップに立ち寄ってみても、彼の好きだった音楽のコーナー。何から何まで彼のことばかり。喧嘩の原因はさまざまでしょうが、別れていても彼のことばかり。

だったら、なぜ、喧嘩をしたのですか。そんな非生産的なことをしなければいいのに、とあなた自身でも思うでしょう。嫉妬も、その一つなのです。

彼を信じていれば、嫉妬なんか絶対しません。彼のことを世界一の男性と信じていれば嫉妬はしません。結局、音信不通も別れもないのです。

信じてください。宗教みたいですが、彼を神様のように信じてください。「彼教」でいいのです。あなたが何かに迷ったら、彼に相談すれば解決。そんなことをイメージするのです。

何もかも信じるのです。あなたが好きになった人なのです。彼が間違ったことを言っても信じるのです。

いや、違う、と感じたら、彼に内緒であなたがいいと感じることをすればいいのです。しかし、彼を信じるのです。男性も同じです。彼女のことを信じて何もかもを前向きに見つめるのです。

疑ってはいけません。たった一つを疑った瞬間、あなたのイメージの中には、悪い想像しか生まれてきません。たった一つのミクロの疑いから、銀河系ぐらいの大きさ

ら。

たった一つの疑いから、そして二人の愛を奪ってしまうのです。あなたの時間から自由を奪い、あなたの瞳から優しさを奪い、あなたの皮膚から輝きを奪い、あなたの気持ちを蝕《むしば》んでいくのです。「悪い想像力」は、水を得た魚のようにスイスイ泳ぎ回って、あなたの疑いに膨張していってしまうでしょう。

どうか、信じてください。愛した人を信じるからこそ、その愛は続いていくのです。簡単なことなのです。しかし、あなたは確かめたいために、ただ単に「確かめたい」ためにちょっと疑いの気持ちを抱くのです。それが大事になるとは思ってもいなかったのです。

信じていれば、悪く想像しないでしょう。信じないから、あれこれ想像してしまうのです。あなたが疑うから、彼も疑う気持ちを持ち始めるのです。その逆も同じなのです。お互いがいつもいつも信じあっていれば、嫉妬なんて絶対しないのです。

なぜ人間は、疑うと悪く悪く想像するのでしょうか。確かめたいからなのです。悪く想像して、その結果を悪くすれば自分が納得出来るのです。二人の良い結果より、自分の想像した悪い結果を得て納得したいだけなのです。

自分で使った「悪い想像力と時間」の結果を、相手にぶつけたいのではないのですね。自分で納得したいだけなのです。「こんなに苦しんだから」とその気持ちに対して、ねぎらいをかけてあげたいだけなのです。

変な話です。自分自身にねぎらいをかけたいだなんて。でも、そうなのです。嫉妬は小さくても大きくても病気ですよ。絶対、嫉妬してはいけません。「気持ちの質問」ですませてください。

恋しましょう レッスン⑯

彼のすべてを信じるのです。彼の行動、言動、あなたにとって決して悪いことをしているのではないのです。

彼を最大に愛することの表現は間違いなく「信じる」ということなのです。心の中で繰り返しましょう、「彼を信じている」と。

浮気

……………問い詰める前に距離を持ちましょう。
沈黙という正義の武器で闘うのです。
しょせん、相手の浮気なんてままごと程度です。

★一気に根絶しましょう

浮気を書くについては、男性側からか女性側からか、その見る視点によって違ってきます。この本が女性に読まれるのではないかと考えて、女性の視点から書いてみましょう。つまり男性の浮気について書いてみましょう。

不思議ですね、あなたを追いかけている時には、彼の視線はあなただけに向いていたのです。しかし、あなたの気持ちが彼に向いてしばらくすると、彼の視線は違う方向に向く場合が多くなってしまいました。彼があなたに関して安堵のシートに沈んでいくと、ゴソゴソ何とかの虫が動き出したのです。とんでもないですね。

すべての男性がそうだとは言いません。しかし確かにそんな男性は少なくはないのです。あんなに、あなたのことばかり追い回していたのに、ちょっとこちらが優しくしてやると図に乗って、チョロチョロと鼠みたいに動き出すのです。一種の病気なのでしょうか。

早期解決が大切です。早期治療ですね。ショック療法をおすすめしましょう。いいですか、そんな気配を感じて、何となく浮気っぽいな、と思ったら、思いっきり冷たくしましょう。一番良いのが、逢わないことです。距離を持って対処することです。そんなの当たり前です。あなたが彼のことをまだ好きならば、問い詰める前に距離を持つことなのです。問い詰めては相手を調子に乗らせるだけです。いいですか、問い詰める前に逢わないのです。

問い詰めたい気持ちは分かります。彼の気持ちをこちらに引き戻したいのも分かります。説得したいのも分かります。でも、それをやればいつかまた、その病気は違う対象に向けられ、再発するのです。

一気に根絶しなくてはならないのです。根元から、あなたの大切さを知らせる必要があるのです。彼はしばらくは浮気の相手と逢うかもしれませんが、あなたが本命なのです。

間もなく気付いてあなたに近寄ってくるでしょう。あなたと上手くいってない時には、間違いなく浮気の相手とも上手くいかないのです。あなたのことが気になって気になって、浮気どころじゃなくなるのです。あなたもきっとドキドキハラハラしているでしょうが、しばらく「ザマァミロ」ぐらいの気持ちで我慢しましょう。

大丈夫です、すぐに帰ってきます。我慢しながら、帰ってきた時の慰謝料というか詫び料なんかを考えて気を落ち着かせてください。バーゲンじゃないシーズンの服とか、旅行とか、そうそうお小遣い付きの海外旅行とか、食事だけじゃ許せませんよね。そんなことを考えながら、彼とは逢わないのです。

時間が経つにつれて、彼は焦ってくるでしょう。携帯電話は非通知設定。時々、留守番電話にして、彼の慌ててる様子を聴いて笑ってやりましょう。あなたが思うほどに、彼は浮気の相手と「きわどい場面」に行きません。そんなに簡単に事件にはならないはずです。

そして彼は、そんなにあなたが思うほど、二枚目にはならないでしょう。あなたが愛しているのは、あなたが愛した彼なのです。他の女性から愛されている彼ではなく、あなたとの時間に歴史がある彼なのです。簡単にそれは崩れないのです。

★クールに対処しましょう

男は夢を実現させると、また次の夢に向かって走り出すのです。それは女性も同じでしょう。彼はあなたが欲しくて欲しくてずっと追いかけてきたのです。それが叶ったのです。しばらくは嬉しくてあなたばかりなのです。

しかし時間が経つにつれて、というよりもあなたと上手くいっていると、他の女性が見えてくるのです。一人の女性との恋が順調にいくと、なぜか浮気心がのぞくのです。逆にあなたと喧嘩して逢わなくなった状態では、浮気心なんかどこにもないのです。間違っても他の女性と気持ちを紛らわそうとは思わないものなのです。本当に不思議です。

ですから、その心理を利用するのです。逢わないのです。電話にも出てはいけないのです。相手にハラハラさせてやるのです。タイミングを見計らって白状させましょう。でも、問い詰めてはいけません。問い詰めていくその最中に、憎くなって今度は相手を怒らせてしまうからです。すると、あなたに非がないのに、喧嘩を仕掛けられてしまいます。元も子もなくなります。

いいですか、タイミングを見計らって彼の前に出ましょう。問い詰めないで普通どおりのあなたで理由も聞かないのです。「どうしてたの」ぐらいですね。何も語らずに何も問い詰めない。彼はクールなあなたに恐ささえ感じるでしょう。これぐらい出来ますよね。

この凛《りん》とした態度が必要なのです。彼はオロオロ、あなたはドッシリ。こういう二人ってとても素敵に見えます。これが出来れば、間違いなく女性としても人間としても成長したはずです。

だって、相手の罪に対して、あなたは堂々と立ち向かい、沈黙という正義の武器で闘ったのです。安物のメロドラマのように問い詰めて泣いて懇願するなんて、絶対あなたらしくないですよ。

浮気なんかするヤツは私の彼じゃない、とドンとしてください。万が一その主人公になってしまったら、問い詰めないで泣かないで訴えないで、笑って黙って姿を見せないのです。もし彼がそんなチャンスをくれたら、人生の勉強だと思って実践してみてください。

大丈夫です、彼は浮気相手とそんなに簡単に一線を越えたりするはずがありません。彼の浮気であなたがもっと魅力的になれると思えば、一度ぐらい体験してみたいとは思いませんか。冗談みたいな話ですが、所詮、彼の浮気なんてままごとみたいなものでしょう。それをあなたが問い詰めて泣き出すから、事態は大袈裟に広がっていく場合が多いのです。

「彼の浮気で魅力的になれる」「彼の浮気で人間として成長出来る」それを心の中でつぶやいて、彼の慌てた留守番電話を聴きましょう。そして笑ってやりましょう。あなたが本命なのです。彼の浮気はあなたと上手くいってる証拠みたいなものなのですから、それだけでも安心出来るはずです。

でも、「おしおき」はしっかりとやってあげましょう。逢わない、電話にも出ない、思いっきり心配させるのです。クールに対処しましょう。すぐに戻ってきますから、あなたが慌ててはいけません。

鵜飼ってご存じですか、あんな感じです。失礼しました。彼に悪いですね。さぁ、早く彼が浮気するのが楽しみですね。そのぐらいの大きな気持ちでいてください。どんなに立派なことを言っていても、浮気をした彼なんて幼いだけの男性なのです。

恋しましょう　レッスン⑰

浮気ではなく、喧嘩をした時にもこれと同じやり方をしてみてください。あなたが何かを問い詰めるのではなく、逢わない、電話に出ない、クールに。沈黙を武器にしてください。

一人で笑っていましょう。笑いはエネルギーになります。

誤解……

気持ちがすれ違った時は、
たった一言の普通の言葉が出てこなくて、
とにかく、相手を困らせたいだけなのです。

★二人が上手くいってない時は言葉が足りない

多くを望み過ぎて、その結果満たされないことが分かると、自分自身の過ちであるにもかかわらず、その鬱憤を相手にぶつけてしまうのです。そんなもの自分勝手だと思うのですが、しかし恋人に対しては特殊な感覚を抱いてしまうのでしょうね。出逢って恋をして、日数を重ねていく間に尊敬という感情に包まれて、そしてただ単に好きだからではなく、それ以上の気持ちに高まっていって、人間としての「情」のようなものを感じ始めてもっと強く繋《つな》がれていく。

彼は特別なんだ、と思い込むようになり、極端に言えば何だって出来ると錯覚してしまうのです。「こんなはずじゃない」とか「こんなはずじゃなかった」とか、予想を裏切られたような苛立たしさに彼を責め立ててしまうのです。

今までは、箸の持ち方が違っていてもそれが彼の良いところであったり、しゃべる時に少し舌ったらずでそれが魅力だと思っていたのに、それらすべてが気になり始めて、ぜんぶぜんぶマイナスに思えてしまう。

何をどうしてもイライラするばかりで、だんだん世界一嫌いになってしまうのです。顔も見たくない。電話もかけて欲しくない。しばらく別れて過ごしましょう。

彼にしてみればチンプンカンプン。どんな理由で自分を避けているのか、まったく知る由もないのです。

彼女は彼女で、友達に自分のムシャクシャを相談にのってもらうのですが、友達もチンプンカンプン。理不尽な一人よがりの考えに、意味も分からずフンフンとうなずくだけです。誰にも分からない誤解現象で、不幸な時間だけが過ぎていきます。

そうこうするうちに、彼女の気持ちも何となく収まって、彼に電話をかけました。

きっと彼が喜ぶと思って電話しました。

しかしです、理由も分からないまま突然自分の前から姿を消した彼女を、ある時から彼の気持ちは放り出してしまっていたのです。そんなことを知らない彼女。逆に怒り始めていた彼。

誤解が、さらに誤解を発生させる瞬間です。今頃電話をかけてきて、どういうことなんだ、と彼。せっかく気持ちがおさまって電話をしたのに……してあげたのに、何よ、その言い方は、と彼女。

もう大変なことになりました。別れの一本道を歩き始めたのです。いいのですか、そんなことになって。

なぜ、恋人たちは、言葉を使わないのでしょうか。上手くいっている時には、実は無意識に素敵な言葉を使っているのです。映画を観た後には手を繋ぎながら見つめあいながら「楽しかったね」と。ドライブの帰りには「今度はどこに行こうか」と。意識しなくても、自然に言葉を使っていたのです。しかし上手くいかなくなると、これが不思議なことに、本当に変なのですが、言葉を使わなくなってしまうのです。

意地悪というのか言葉を忘れてしまうのか、思っている怒りでも哀しさでも寂しさでもいいのです、相手の頼りなさでもいいのです。思ったことを言葉にすればいいのに、唇を閉じてしまうのです。

「ねぇ、どうしたの」に対して「何でもない」と。そんなの嘘でしょう、何でもなくないはずでしょう。

皆さん、胸に手を当てて、思い出してください。あなたと彼が上手くいっている時、それはそれは言葉があふれて素敵ではありませんでしたか。しかし、気持ちがすれ違ったりした時は、たった一言が出なくて、とにかく、相手を困らせたいだけ。そうなのです、言葉を使わないで沈黙で相手を困らせたいのです。

★相手を過大評価し過ぎていませんか

ナチュラルな二人でいましょう。自然が一番です。二人でいる時には、多くを望まないで、かといって小さくもならないで、自然のままの二人でいるのです。彼は特別なのです。そうそう、それでいいのですが、彼はあなたにとって特別なのです。

社会的に特別ではないのです。偉大な力を持っているわけではなく、一カ月に何千万円も稼ぐ人でもないし、あなたを宇宙に連れていってくれる人でもないし、ごくごく普通の男性なのです。

でも、あなたのことを世界一愛している特別な人なのです。それで充分ではないでしょうか。彼は特別な人です。日本さえいつか変えるほどの野心を持っているの、と思った瞬間、あなたたち二人は、いつかきっと先ほど僕が言ってきた過大評価の結果を手にするでしょう。

分かりやすく話すために、極端な例をあげていますが、もうお分かりですね。誰だって、自分の愛した人には何か特別な才能とか力を秘めている、と思いたいものです。いいのです、身近なものであれば。

しかし段々と錯覚して、自分勝手に彼をスーパーマンに仕立て上げてしまうと、いつか必ず失望がおとずれます。

もっと彼のことをそっと見てあげてください。普通の人。自然体の人。どこにでもいるような人。しかし、私には特別な人。それで充分なのです。

そんな彼が、ある日会社で大きな仕事をしました。会社で特別な評価を得ました。そんな時は、二人でお祝すればいいのです。ある日、電車の中で困っている人を助けました。そんな時は、彼を思いっきり誉めてあげればいいのです。ある日、宝くじで高額賞金を当てました。そんな時は、彼を天才だと誉めちぎって分け前をいただきましょう、ね。

愛は時として、二人の間に危機を呼び込むことがあります。すごく上手くいってたのに、急に言葉を失って距離を作って、挙げ句の果てに別れを誘ってしまうのですから、まさに天国と地獄の表裏一体。

だからこそ、人はその香りに蜜と毒を嗅いで、スリリングな場所に引きずり込まれていくのでしょう。でも、わざわざ毒に触れなくてもいいのです。細く長くという恋愛もいいものですよ。

彼といる時が一番ラクで、私らしくなれる。気取ったりすることもなく、自然体でいられる。そんなあなたが素敵なのです。

彼女の喜ぶ顔が一番好きです、と彼が言っています。いいですね、そんな関係を作るためにに本当は恋をするのでしょうね。

誤解をさせるような自分のあり方とか、相手への思い込み。そういうものが、あなたたち二人にいつも近づいています。スキがあったら二人の間に入り込んで、あなたたちを崩そうと狙っているのです。そんなものに絶対に振り回されてはいけません。

ちょっと心が痛んだら、いいですか、言葉を使うのです。上手くいっている時に自然に使っていた言葉を思い出して、二人の間を埋める努力をしてください。すぐに、解決するでしょう。

恋しましょう レッスン⓲

サクセスストーリーの映画を彼と一緒に観て、終わったら「おでん」を作って食べましょう。「お好み焼き」もいいですね。

映画の続きを夢見ていいのですが、食事に庶民感覚のものを選びましょう。映画は映画、私たちは私、とつぶやいて、ね。

喧嘩

……………自分よりも相手が苦しくないから、
こんなに自分は苦しいの、と言いたいのです。
やがて「サヨナラ」が忍び寄ってきますよ…

★なぜ、喧嘩をするのでしょうか

絶対、喧嘩をしない方法を語る前に、まず、どうして喧嘩をするのかを考えてみましょう。普通に考えれば、どんな時にも助け合う存在として恋人がいるはずなのですが、その二人がそれぞれの喧嘩の相手になるとは、変な話ですね。

困ったことや辛い時に励ましあって生きていくのが恋人同士なのに、その二人が憎しみあって暴言をはいたり、時には暴力を使ったりして自分の主張を言い張るのです。本当に変だと思いませんか。しかし現実はカップルの数だけ馬鹿馬鹿しい喧嘩があるのです。馬鹿馬鹿しいし、何の得にもならない喧嘩。喧嘩するほど仲が良いなんて絶対ありません。仲が悪くなったから喧嘩をするのです。間違えないでください。

ましてや、「雨降って地固まる」という昔からの諺には決してならないのです。喧嘩したら、仲直りして、しかしわだかまりをずっと心の中にしまい込んで、何かの折に思い出して、また取り出して喧嘩の材料にしたりするのです。だから、喧嘩は絶対してはならないのです。良い喧嘩なんて絶対ないのです。僕はそう思います。

ではそんなに悪い喧嘩をなぜするのか。これがおかしいのですね、自分はこんなに怒っているの……と言いたいのです。相手を押さえ付けて、自分がリードしたいのです。思うようにならないから。

たとえば遅刻。デートの時の遅刻。なぜちゃんと来れないの、と自分の思うようにならない相手。だからムッとしているうちに喧嘩になっていくのです。三十分や一時間の遅刻、そうですよ、喧嘩して一週間にわたって音信が途絶えることを思えば何と短いのでしょう。一時間ぐらい、たとえ寒くたって街の風景を見ていればアッという間に過ぎてしまいます。

それなのに、頬をプーッとふくらませて、眉間にシワをよせて、遅刻してきた彼を無視するかのようにサッサッと急ぎ足で歩いていく。帰るのか！　と彼は心配そう。そう、あなたは怒っているのですね。帰りたいのではないけれど、いったん怒ってしまったら引き返せなくなってしまいました。怒り続けるしかないのです。

困った困った、誰か助けて！　と心の中で怒りと不安を交互に揺らしているのです。そのうちに、彼が怒りだして、デートも喧嘩の泡。それで、下手をするとお別れ。あるいは何日も何日も音信不通。

愛している人だから、喧嘩ができるのですというのは、まったく嘘です。本当に愛していたら、少々のお互いのミスやすれ違いや失敗から喧嘩になるはずがないのです。自分よりも相手が苦しくないから喧嘩をして、相手を自分と同じか、それよりもちょっと大きめに困らせようとするのです。平均を保ちたいがために喧嘩をするのですね。

好きな彼が自分よりも優越感に浸っていたら、喜んであげるのが恋人ではないのですか。自分よりも彼が遅刻してきたら、慌てた気持ちを慰めてあげるのが愛ではないでしょうか。自分よりも彼の気持ちが荒れていて、自分に八つ当たりしたら受け止めて荒れた気持ちを優しくしてあげるのが、あなたの役割ではないのですか。

そんな時、多くの人が自分だけを大切にしようとして相手をなじるのです。そこから喧嘩が始まるのです。やがて訪れようとしている「別れ」も考えないで。

★絶対、喧嘩をしない方法があります

あなたが、彼のことを心から愛していたり好きだったりしたら、どんなことでも許してあげるのです。それがたとえ浮気であっても遅刻であっても暴言であっても、とにかく何であっても許せる気持ちを持つことなのです。

感情を押し殺してとは言いませんが、ただ激しいだけの感情ならそんなもの捨ててしまいなさい。彼のするすべてを許してあげることなのです。そして、もし喧嘩になりそうになったらこう思うのです。「ごめんね、やっぱり私が悪かった」と。あなたが悪くなくても、そう思うのですよ、口に出して言えばもっと良いでしょう。

まぁ、本当は彼がいつもそう思ってくれることが上手くいく秘訣なのです。やっぱり男性が「ごめん、やっぱり僕が悪かったよ」とどんな時でも、そう言ってくれれば

チャンチャンと事件は片付くのですがね。

ですから、あなたと彼がとても仲が良い時に、お互いで確認しておくといいですね。……喧嘩をしたら、いつだってあなた（彼）が「僕が悪い」と言って、と。

冗談で言っているのではありません。こんな約束をしておいて、実際喧嘩になりそうになったら、「ほら、言って」と明るく言いあえる関係を作っておくのです。

……感情が昂っていて、そんなこと言えるわけがないじゃないですか……と抵抗するのは、やっぱりクリエィティブじゃないのですね。喧嘩も楽しみましょう。

二人で幾らでも工夫をして、だって現実には一年の間の様々なイベントなんかいろいろ工夫をしていませんか。

二人が心から楽しめるクリスマスとか誕生日とかバレンタインとか、夏休み、日曜日だって。雑誌で探したり、人の噂話をヒントにしたり、様々な工夫を凝らしてお互いを喜ばしあっていませんか。そんな工夫を、なぜ、喧嘩の時に考えないのでしょうか。

一カ月交代に「やっぱり僕が悪い」「やっぱり私が悪い」の主役をやってもいいの

です。長引く喧嘩の前に、アッという間に終わらせてしまうのです。そんなことを何度もやっているうちに、喧嘩することが馬鹿馬鹿しくなって、喧嘩にならないで仲直りしている二人がいるでしょう。

喧嘩の原因は、必ず二人とも関係しているのです。ですから、どちらも悪いのです。それをどちらかが先に「悪い、ごめん」と言った瞬間、気持ちの良い風が二人の間に流れるでしょう。

それとも、自分の我を通して、相手を押さえ込んで、相手に謝らせたいのでしょうか。何日も何日もかかって、相手に謝らせたいのですか。その間、音信は途絶えても自分を優位に立たせたいのですか。僕はそんなの嫌ですね。きっとあなたも、僕と同じではありませんか。

だったら、「悪いのは……」という役を決めておきましょう。絶対、喧嘩にならないはずです。あなたと彼とで、よく話し合ってください。二人の愛がかかっているのですよ。

どんな工夫もあなたたちの未来になっていくのですから、トライしてみてください。

好きな人と喧嘩して何が楽しいのですか。ただ苦しむだけなのです。自分の我を押し通して、それが愛する人への気持ちなのですか。そんなの絶対に違います。「ごめん、僕が悪かった」「ごめん、私が悪かった」と二人で言い合えたら、それも素敵かもしれませんね。

恋しましょう　レッスン⑲

ごめんね、私が悪い、と言うことに慣れましょう。決して、あなたを悪者にするものではないのです。自分が悪い、と言うのは卑屈でも何でもないのです。とても勇気のある証拠だと思います。

相手を傷つける前に、まず自分の我を取り外しましょう。

意地

……駄目な男性といると意地を張ることが多い。やる気と意地は、まったく違いますから、お付き合いしている人を観察しましょう。

★女の意地は駄目な男が作る

僕は女の人が意地を張っている時の目の動きがとても好きなのです。変な趣味と言わないでください。あの自信のなさそうな置きどころのないキョロキョロした動きを見ていると、ギュッと抱きしめてあげたくなるのです。

女の人が意地を張るというのは、ある意味で主張だと思います。世の中にはとんでもない男がいますからね。それに対して、真正面から向かっていく女性の意地。拍手をおくりたくなるのですが、でも先ほど言いました自信のなさそうなキョロキョロ目の時は、ちょっといけないのです。

自分で意地を張っているにもかかわらず、それがいけないことだと知っていての意地なのです。無理を言っている、ということを知っているのです。

数回なら、そんな自信のないキョロキョロ目の意地は許せます。度重なると、もうこれは圧迫感を覚えるのです。「また、始まった」と。ギュッとしてあげたくなる感覚を通り越して、逃げたくなるというか放り投げてしまいたくなるのです。

考えてみると「意地」という言葉には、あまり前向きなイメージが描けないことに気づきました。真正面から向かっていく女性の意地、と僕は先ほど書きましたが、やっぱりそれって無理があるかもしれません。でも、多少、多少です。

度を越すほどの意地には、拍手はおくれません。やられたから、やり返す。その気持ちの表れが「意地」なのでしょう。今に、見ていろ。単純に聞けば、がんばる気持ちみたいですが、どうもしっくりこないですね。

この原稿を書きながら、「意地」について考えてしまいました。果たして、意地という気持ちは、何に向かっていくのだろう、と。

特に恋をしている二人の間の、女性の意地。意地を張ることが必要な時って、相手に原因があるのではないか。相手が自分を粗末に扱ったとか、自分以外の女性の話をした。しかも、その女性を誉めたたえている。

「君も、あの女性ぐらい出来たらね」と言われた瞬間、意地が生まれるのではないか。こちらに、原因があるわけではなくて、彼が意地を張らせるようなことをしたり、言ったりした。

僕は今、「意地」を分析しながらこの原稿を書いています。意地は可愛いと書いたけれど、意地は女性にとって苦痛なのではないか、と思うようになってきました。うん、意地を張らせたのは彼なのだ。女性一人で意地を張れるものではない。

女性の皆さん、今日限り意地を張るのはやめましょう。意地を張っても、結局あなたに何も得になるものはないのです。一円にもならないのです。

はっきり言わせてもらいますと、あなたが意地を張るというのは、あなたの付き合っている男性が駄目なのではないか。

何かに向かう、何かに挑戦する場合でも、決して「意地」じゃないような気がしてきました。前向きに進む時、「意地」とは言いませんよね。何か曲がりくねった、皮肉っぽいことに向かう時にこそ「意地」を張るのでは、と思います。

駄目な男性といると、意地を張ることが多くなるようで、これ極論ですが、もしあなたが「意地を張る」ことが多いならば、それはお付き合いしている男性が駄目なのかもしれません。危険な考え方ですが、僕はそう思うようになってきました。

あなたが、心の中で意地を意識したら、それは真直ぐじゃなくて、何というか捻《ねじ》くれているのです。断言してしまった。でも、僕はそう確信しました。

「意地」を張らせた彼は、あなたにとって良くない存在なのです。

「意地」を「やる気」と同じ意味でとらえるのは、まったく違うことに気づきました。あなたが、意地を張るような感覚に陥ったら、その前に彼と別れた方がいいかもしれません。そんな曲がった気持ちを抱かせるような恋人なんて、今すぐ捨ててしまった方がいいのです。

うん、僕は断言します。あなたに「意地を張らせる」男なんて、大したことはないのです。

★男の意地は駄目な女が作る

逆に男の意地も同じです。ただ単に背中を押して、「あの人に負けるな」と意地を張らせる女性。「以前付き合っていた人はお金の使い方が綺麗だった」と言って競争させようとする女性。

言われた男性は、意地でもケチになってやる、と気持ちが出入りする心の扉をギュッと閉じてしまいました。可哀想です。好きな女性のために他でケチって、その女性をもてなしたかったのに、それを、お金の使い方が……とは。

好きな女性のためにケチって、それをその女性に非難されたらどうしようもないです。そんな女性、捨ててしまいましょう。

実際はもっともっと深い話ですが、ただそれだけで捨てるというのもいけないのですが、僕の言わんとしている話の芯を理解してくださいね。意地を張らせるのは、曲がった進み方で、決して前向きではないということです。

それを奨励するようなことを言う彼とか、彼女とおつき合いしているなら、すぐに別れてしまうべきです。

しかし、「やる気」を起こしてくれる人は、大歓迎です。「やる気」を起こしてくれる言葉には、優しさや思いやりが込められているのです。意地、という言葉には優しさも思いやりもないですね。

彼から何かを言われて、それで気持ちが変化した時に、意地なのか、やる気なのか。あなた自身が判断してください。微妙ではありません、はっきり区別出来るものですから分かるはずです。

僕は幾つも幾つも女性の張った意地を見てきました。泣きながら張った意地。憎しみながら張った意地。手を握りしめて震えて張った意地。

思い出せば、すべてが綺麗なものではなかったように見えます。姿勢と顔の表情と、言葉として吐き出された意地。すべてすべて、復讐みたいな恐怖さえ感じました。

そんなことをさせる恋人。何のために誰のために、と問いただしたくなってしまいます。そういえば男同士でも、そんなことがありました。女同士でもあったはずです。

意地を張らせた人間は、それを見てニタニタしていたかもしれません。嫌なヤツです。そんなヤツ、許せません。

　皆さん、友達が恋人が、もし意地を張らせるようなヤツでしたら、今すぐそばを離れましょう。人間としての優しさや思いやりや、一緒に何かに向かってくれる勇気さえ持ち合わせていない人です。

　そんな人と関わっていると、いつかあなた自身も皮肉っぽい人間になってしまうかもしれません。あなたがもし、「意地を張ってる」ことに気づいたら、それをさせた人のことをじっくり観察してみてください。それは悪魔かもしれませんよ。

恋しましょう　レッスン⑳

　空気を一杯吸い込んで、引っ掛かるものはありませんか。誰かを負かそうと思っていると、きっとそれが引っ掛かるはずです。

　その人を避けていたなら、自分から溶け込むように目を開いて近づいてください。嫌いだった人を好きになるのです。

束縛

……………二人が別々の場所で一生懸命生きて、そのうちのある時間を一緒に過ごす。二人一緒では得られない何かを持ち寄るのです。

★二人の時間を持ち寄るからこそ幸せも2倍

どうして恋は、その人を縛りたくなるのでしょうか。自分だけを見ていて欲しいから、自分のいない場所に行って欲しくないから、自分以外の人と逢って欲しくないから……。

愛する人を束縛しておけば、きっとその人の気持ちは他の人に向かない。そんな考えなのでしょうか。多分そのようなものですが、しかしそれはとても危険な考えですね。二人の活躍する場所をどんどん狭めていくのです。

しかも、束縛する人の相手は、自由でいたい人がカップルとなるケースが多いのです。二人とも束縛する性格であればいいのでしょうが、皮肉にも相反する人が結ばれるのです。だから、いざこざが起きるのです。縁とは、そういうものですかね。なかなか上手くいかないものですね。

さて、恋を考えてみましょう。あなたの24時間と、彼の24時間がある部分で結びつくものだと思うのです。大切な、一度しかないその時間を持ち寄って一緒になって二人の恋が作られると思うのです。

もし24時間ずっと一緒だったら、何をするにも一緒だとしたら、どうですか。中には「嬉しい」と答える人もいるかもしれません。しかし窮屈で人生も片寄ったものになってしまうでしょう。結婚した人だって、24時間一緒にいる人なんて、ほとんどいないはずです。

二人が別々の場所で一生懸命生きていて、そのうちのある時間を一緒に過ごす。別々に生きている時間で、二人一緒では得られない何かを感じて持ち寄って、さらに二人が向上していく。

あなたの知らない世界で、彼が感じる多くのこと。彼はあなたに逢う時、その中の幾つかが彼という人間から醸《かも》し出され、無意識にあなたに伝えているはずなのです。よくテレビの番組で「自然界の不思議」というようなものがあります。動物たちの驚くような行動や木々の季節による変化など、まるで計算されたような自然の動きがあります。それが長い長い歴史の中で、その動物たちの生命が維持されるメカニズムを生み出しているのです。それによく似たものでしょう。

彼は持っている一日24時間を普通に生きているように見えますが、すべてに必然性があって、何一つを取っても必要のないものはないのです。たとえ休息する時間もその休息の場所も、目を閉じてデスクの上で考えごとをしている時間も、何か決められた運命のようなものを感じるのです。

そこで得られたものが、あなたと逢う時間に別のカタチに姿を変えてあなたに反映されるのです。

それらの時間をあなたが奪ってしまったら、必ずいつか皺《しわ》寄せがくるとは思いませんか。確かに、あなたが束縛した時間も必然性があるかもしれませんが、それは時々でいいですね。どうしてももう少し一緒にいたいから、次の約束を少し遅らせて……。

時々はそのぐらい甘えたいです。束縛する人って、しかしいつも束縛するのです。

それでは、二人が結びついた意味はありません。二人が別々の場所で出逢う人たちとの経験が、二人一緒でいる時以上の何かを運んでくれるのです。

★私は私、彼は彼、という時間を尊重する

あなたと彼の時間は、まったく別のものなのです。彼には彼の仕事、友人、家、歩く道……何から何まで彼の生活があります。それを一つずつこなしていきながら、彼は自分の人生を形作っていくのです。この世に彼を誕生させてくれた彼のご両親と同じくらい貴重なものでしょう。

それをあの出逢った日まで続けてきたから、あなたとの恋が始まったのです。あなたと逢う前に、彼が何かに左右されたり、仕事をある時怠けたりしていたら、きっとあの日、あなたとの出逢いはなかったでしょう。

家を出る時、靴の紐がほどけていてそれを結び直していたら、あなたと逢うことは

なかったかもしれません。そのぐらい人との出逢いは奇跡的なのです。

あなたも同じことが言えるのです。あなたも一生懸命生きてきて、そのご褒美に彼と出逢ったと考えれば、この出逢いがどれほど神々しいものか分かるでしょう。すべてが、あなたたちそれぞれの時間の上に起きている奇跡のようなものなのです。どれ一つをとってみても不必要なものはなかったのです。

あなたの時間と彼の時間。違う場所に存在して、ある日、一緒になる部分が少しずつ増えていって恋が始まったのです。それをあなたはさらに、自分だけのために、彼の自然な流れに逆らうように縛りつけるということなのです、束縛とは。

束縛することによって、取り返しのつかない運命の誤差が必ず生じるのです。それを一つ二つと重ねていく間に、二人の距離に大きな亀裂を作り、いつか、まっ二つに二人を切り裂いてしまうでしょう。結果はお分かりですね。

それも二人の自然な運命だと考えるなら、僕は何も言いません。あなたがもし彼を束縛していることに気付かないのであれば、あるいは彼が特別に嫌がったりすることがなければ、それは束縛ではないかもしれませんね。そんな人もいるのです。

しかし、彼がとても窮屈だと訴えるのは、あるいは喧嘩になることがあれば、それは束縛でしょう。早く気づかなければなりません。大体、分かるはずです。分かっているはずです。

自分が相手を縛りつけている、という感覚は本人が分かっているはずです。そんな時間を繰り返し繰り返し過ごすと、二人の未来は……もう言わなくても分かるでしょう。

彼はあなたに逢うために、がんばって仕事をして、約束の時間に間に合うように会社を出て電車に乗って来るのです。思えばそれだって奇跡的なことではないでしょうか。仕事に何が起きても不思議じゃないのです。仕事先の人が一時間後にして欲しい、と言えば約束は一時間遅くなるのです。

でも、彼は時間の中で一生懸命ビジネスを進めました。そして約束に間に合ったのです。何をどう変えたのか、手品のようでもあります。

あなたも、まったく同じでしょう。二人で時間の上で奇跡的な運命を綴っているのです。

それを、ある部分を無理矢理ねじ曲げようとすることなのです、束縛とは。そんなことをして素直に二人の時間を楽しめますか？

断言出来ます。愛する人を束縛していたら、必ず二人の時間は途中で切れてしまうでしょう。時間の上で二人の肉体は、別々の引力によって引き裂かれるでしょう。別れという、哀しい結果が潜んでいるのです、束縛には。

恋しましょう　レッスン㉑

他の人に逢わないで。私以外の女性と食事しないで。帰らないで。一時間ごとに電話をして。社内旅行に行っても毎日電話をして。夜眠る前にどこにいるか教えて……あなたが彼を困らせる言葉を書き出してください。多ければ多いほどあなたの束縛力が強いのです。

一つずつでいいですから、減らしていきましょう。目で確認するのです。その言葉を目で見るのです。どんな醜いことか意識を持つのです。

仕事

……デートの最中に仕事の電話が入ったら、相手の存在を視野から外しましょう。そしてあなたは他のことを考えましょう。

★仕事一筋の彼

意外に多いのが、仕事が忙し過ぎる彼に不満を持つ人たち。私と仕事とどちらが大切なの、と厳しい目で彼をにらみつける彼女……デートの時間には遅れる、でも遅れるならまだいい方、ドタキャンもしばしば。

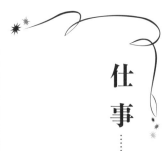

電話の一本でもくれればいいのに、それも忙しかったからと何の連絡もなく、私はずっと約束の場所で待ち続けたわ……。

僕の周りにも結構多いのです。仕事一筋の主人公も、仕事一筋の犠牲者も。しかし人間って本当に本当にわがままな生き物ですね。

真面目な人がいい、と言っていた僕の知り合いの女性が、ある日ぼつりと愚痴をこぼしました。真面目すぎて面白くないし、融通がきかなくて損をしている。どうしてあんなに真面目なのか。もっといい加減にやればいいのに。人の分まで仕事をするから、いつも残業で二人で食事にも行けない。……もう、イヤ！……と嘆いたのです。

だって、真面目が良かったからお付き合いを始めたのでしょう。それが今さら、真面目がつまらないとは。

彼女の言い分も、彼の言い分もよく分かります。これが、喧嘩や別れの原因となっていくのですから早く対処しなくてはいけません。

お付き合いを始めた最初の頃、どんなこともお互いの顔色を観察しながら事を進めていたはずです。相手の気持ちを尊重して、自分の事よりも何から何まで相手中心。少々どころかかなりの部分、自分が無理をしていたはずです。

仕事も食事も趣味も、すべて相手の事を先に考えて、そして自分のそれらを満足させていたはずです。満足しなくても、充分幸せで充実していたのです。

それがいつの頃からか、相手の気持ちよりも自分の気持ちに重きを置くようになって、ある時なんて二人で旅行に行っても携帯電話で仕事をしているのです。

あなたが彼に愚痴を言うと、誰のおかげでこの旅行が出来るのだ、と怒鳴ったのです。楽しい旅行がそれで万事休す。

あなたは荷物をかかえて飛び出したのです。気がついた時には最終の新幹線の中。途中で彼が追いかけてこないかと何度も振り向きました。しかし彼の姿は見えなくて……もうあんな人なんて知らない。別れてやる……と。

ああ、悲劇です。多いのです。大切な仕事が原因の別れ。

解決する方法は、お互いがお互いに課した関心をいつも同じ度合いにしないことなのです。あなたが彼に対して思う関心を、いつもいつも同じにしないことです。

時には、まったく関心がなくてもいいのです。彼が何をやろうと平気でいるのです。仕事をたとえ三日間寝ないでやっても驚かないのです。へぇー、で済ませるのです。話はそれで終わり。

彼が女性たちと食事に行っても、良かったね、と思うのです。関心がないから、それでいいのです。彼のすべてに関心を持とうとするから、一つ一つに気を取られるのです。

特に仕事に関しては、もう一切タッチしないのです。忙しいのとか、身体は大丈夫なのとか、出張の準備など、一切あなたが関わらないのです。

今まで仕事で二人の関係が危うくなったカップルは、仕事というキーワードを二人の間から外してしまいましょう。デートの最中に仕事の電話が入ったら、あなたはその瞬間、彼の存在を視界の中から消してしまうのです。他を見ればいいのです。そして何か他の事を考えましょう。

彼の世界に入らないで、あなたはあなたの世界を作ってそこにいればいいのです。彼がどんな話をしているのか、関心を持たないのです。聴く必要もまったくないのです。

彼は自分の世界で電話が出来るでしょう。電話を終えたら、また、あなたの元に帰ってくるのです。それまでは、まったく赤の他人。

隣りのテーブルのカップルは、そんなあなたたちを見て驚くでしょう。カッコいい二人だと思うでしょう。とても大人を感じるでしょう。とても素敵な二人だと思うでしょう。以前は仕事のことで喧嘩ばかりしてた二人とは気づかないのです。あなたたちのようになりたいと思うでしょう。

いつも二人が余分な関心を持ち過ぎていると、一番見えているはずのお互いが、実は見えていないのです。見落としたところに、二人の鬱憤みたいなものが入り込んで、それが病原菌になって喧嘩、別れと悪い方へ向かってしまうのでしょう。

仕事が忙しくて、よく喧嘩をした人たちは、あまりにもお互いのことに関心を持ち過ぎてしまって、その結果見えない部分を広げて、そして気持ちのスキマに鬱憤が溜まっていってそれが爆発するようになったのです。お分かりになりますか。

★仕事をしない彼

逆に仕事もしないでフラフラしている彼と恋をしている人も、きっと喧嘩が絶えないことでしょう。ヒモみたいですね。あなたがしっかりしているから、彼が駄目になっていくのではありません。

あなたに何一つ責任はありません。もともと、彼はそういう性分なのでしょう。これは一人の女性がその性格を治せるものでもないと僕は思います。

もし、あなたの彼が仕事もしないで、あなたの世話に甘えているような男性であれば、誰か第三者の力で働くように仕向けることが必要です。いつまでも、今のままの状態で我慢していたり、泣き寝入りのようにそのままにしておくと決していいことはないでしょう。

あなた一人で悩むのは駄目です。親や友人や、時には医師に相談する必要もあります。

ヒモのような存在を続けると、あなたはもちろんですが、彼にとっても将来は暗いものになるでしょう。あなたの愛で、彼の働く気持ちを目覚めさせることが大切です。あなたの思いやりで、働く楽しさを感じさせてあげなくてはならないと思います。

あなた一人ではないのです。テレビのワイドショーでも取り上げられるほど、そんな男性が増えていることは事実なのです。甘やかさないでください。

それにしても、ちょうど良い度合いとは、どんなものなのでしょうか。働き過ぎる男性と、働かない男性を足して二で割りたい、と思いますが、世の中そう簡単にはいかないようです。

とは言うものの、ちょうど良い男性、あなたの彼がそうですね。一杯いますから、安心してください。以前は、ヒモみたいな彼だったけれど、今はよく働く素敵な男性になってくれました、と喜んでいる女性も多いのです。

あなたの愛がきっと世の中の男性を素敵に生まれ変わらせるのでしょうね。

恋しましょう レッスン㉒

一人でいる時、彼のことばかりを考えるのをやめるレッスンです。彼のことが浮かんだら、雑誌やテレビや本に目を向けましょう。気持ちを他に向けましょう。部屋中の窓を開け、空気を入れ替えましょう。

深呼吸をするのです。肩の力を抜いて大きく息を吸って、明日の予定を声に出して言い続けましょう。

不倫

……………誰からも祝福されていますか、
邪魔をする人はいませんか、
逃げ隠れしていませんか…

★相手との結婚願望は捨てましょう

好きになればなるほど苦しくなるものが不倫です。字の表す通りです。「倫」の人として守るべき道。そして「不」の否定。人として守るべき道を否定するものが不倫なのです。

僕はいつも思っています。不倫は駄目だと。人の人を奪うのです。仮にその二人が仲たがいしていて愛がなくなっていたとしても、二人はまだ一つの家族に属しているのです。二人には子供がいるのです。二人には父や母がいるでしょう。そのすべての人々を悲しませるのです。その主役を演じたいのですか。

不倫という言葉で表現される対象だけではなく、好きになった人に恋人がいることが分かった時には、身を引くべきでしょう。誰かの「もの」。そんな言い方は変ですが、誰かの存在を無視して恋をするなんて許せない行為だと思います。

あなたが逆にその立場になったら、いかがですか。自分を、奪われる人の立場に置き換えてみてください。そんなに人間は醜いものなのでしょうか。もっと綺麗だと信じたいのです。

さて、あなたが、もしも、奥さんのいる男性を愛してしまったら……後で分かったことで、もし奥さんがいたら好きにならなかった……そんな場合だってあります。気持ちをチェンジしましょう。一人の男性として愛するのではなくて、尊敬出来る男性としてお付き合いするのです。

大体、不倫が始まるのは、その男性に魅力を感じ、尊敬出来るからではないでしょうか。不倫に苦しんだ多くの女性が、尊敬出来る男性だった、と言います。異性の対象として愛するのではなく、一人の目上の人間として愛するのです。

何が違うのか、それは、その人に対して「結婚願望」を絶対抱かないことなのです。よく考えてください。

その人の魅力は、その人一人だけで作られたものではないのです。父や母、そして何よりもその人の奥さんがいて、その尊敬出来る人間性が作られたはずです。

あなたは、愛する人の中の、いわゆる「敵」までも愛することが出来るのですか。敵とは強烈ですが、不倫をしている女性の、彼の妻を語る時のあの凄さは、人間の形相をしていないのです。土色の皮膚、目はつり上がり、指はテーブルを落ち着きなく叩いているのです。キョロキョロした視線は、まるで獲物をさがす動物のようで、対面する僕も恐怖を感じます。

……奥さんと別れたら毎月の養育費なんか幾らでも払う……と言っていた女性でした。自分の思いが叶って、不倫相手と結婚しました。半年、一年と経つにつれてなぜそんなに多く払わなくてはいけないの、と愚痴をこぼすようになったのです。そんな卑怯な女性じゃなかったのに。

一緒になりたいと願った時期は、ただひたすら愛だけが頼りでした。しかし、いったん自分の胸の中に飛び込んだ愛も、いつかその炎は小さくなっていったのです。愛よりも生活、愛よりも愚痴。会社で尊敬出来る先輩であり上司の彼と一緒になったのに、時が経つにつれて気持ちに大きな変化が生まれてきました。「なぜ、私が犠牲にならなければいけないの」と。

最初は何となく魅力を感じ、次に尊敬出来る人間として好意を抱き、そのうち自分一人のものにしたくなって人から奪い、そして今は後悔。もう手遅れです。あなたは何人の人を悲しませたのでしょう。もちろん、あなた一人の責任ではありません。しかし現実に何人もの人たちの涙が流れたのです、あなたとその人のせいで。そんな人間になるつもりなのですか。そんな女性になるつもりなのですか。

僕は思います、あなたがもしも、そんな女性を演じたら、いつか必ずカタチを変えてその涙に包まれることになるでしょう。不倫という魔物は、いつも誰かを狙っているのです。そしてこの世の中の美しい愛を傷つけようとしているのです。

そんな魔物にとりつかれないでください。あなたの美しい心は、やっぱり美しい愛で満たして欲しいのです。

★恋も素直な恋がいい

僕の知る限りでは、独身者が恋をしていなくて、妻のいる男性が恋に憧れていることが多いようです。独身の男性はそんなに恋、恋と叫んでいなくて、妻帯者が恋、恋と憧れているのです。

こんな言い方をすると叱られるかもしれませんが、無い物ねだりみたいなのです。自由がない分、必死に自由を求める感じです。それで女性に走ってしまうのでしょうか。女性の前で、自分の辛さとか大変さを得々と述べて、同情を買うのでしょうか。ズルイと思いませんか。

女性の一途な気持ちを、社会的にも立場がある男性が最終的には傷つけるのですから、そんな不倫という現象を放っておいていいはずがありません。男と女がいれば何かが起きる、と思うのですが、せめて純愛から喧嘩とか嫉妬が生まれて欲しいものです。

不倫をして、喧嘩、嫉妬……そんなものふざけるな、ですね。どうにでもなればいいのです。あなたは、そんな一人になりたいのでしょうか。

尊敬出来る男性を、目上の人間として愛してみましょう。未来のこと、仕事のこと、結婚のこと、何でも隠さずに話が出来る存在の男性なのです。その人の奥さんさえも愛せる感覚です。男性としてもきっと魅力的でしょう。でも、一人の目上の人間としてお付き合いするのです。

一線を越えない人間同士。父親的でもなく、ただ単に上司というものでもなくて、かといって恋人でもない。人間なのです。特別に名称をつける必要もないでしょう。あなたが尊敬出来る人間なのです。

時には、その男性の家に行くことも出来ます。奥さんと友達になれるかもしれません。ドロドロした関係ではなく、いつだって逢えるのです。爽やかな人間関係。

素敵だと思いませんか。そしてあなたは、いつの日か独り者の男性と恋をするのです。誰からも祝福される恋。邪魔をする者がまったくいない恋。百人の拍手が聴こえる恋が始まるのです。不倫にはそんなものはありません。逃げ隠れするように、その気持ちを自分一人で支えなくてはならないのです。あなたは、どちらを選びますか。

答えは、もうはっきりしています。でも、どうしても、という人には、僕は何も言いません。どうぞ、ご自由にです。もっと先々の日に、絶対、僕の言ったことが分かるでしょう。

心を素直にと言います。恋も素直な恋がいいですね。弁解したり、奪い合ったりする恋は、あなたに似合うはずはないですよ。

恋しましょう　レッスン㉓

もし、好きになった人が結婚していたら、二人だけになるのは避けましょう。そしてその人は目上の人間、目上の人間と心の中でつぶやくのです。その人と二人だけになれば、何人の人が苦しむのか想像しましょう。イメージで顔を思い浮かべるのです。その人たちが、あなたをにらんでいる顔を想像しましょう。

あなたの気持ちを徐々に冷ましていくのです。自分の気持ちを冷ますことが出来たら、もう立派な大人です。

第4章

女として男として以上に、人間として誇れる魅力を培ってください。

恋は謎めいた不思議な生き物で、
日々その現れ方を変えるのです。
操るぐらいの大きな心をいつも持ち続けましょう。

気持……

愛している彼のことを思って泣けますか。
愛している彼女のことを思って泣けますか。
渇いた心を涙で潤《うるお》わせてください。

★一人の人間として愛してください

やっぱり、女性を愛する前に一人の人間を愛して欲しい、と思います。男性を愛する前に、そう、一人の人間を愛して欲しいのです。

今、あなたとお付き合いしている目の前の人。その人は人間なのです。お付き合いが段々深くなっていくと、その人は特殊な才能を持っているように思えてくるのです。何をしても崩れない頑丈な肉体と精神を持っているように思えてくるのです。少々の暴言。汚い言葉での、ののしり。下手をすると手を出したりするのです。「私が何を言っても傷つかない」と、他の人には言えないような暴言をぶつけたりするのです。

近過ぎるのか、それとも、遠過ぎるのか。それはその時の心境なのでしょう。とにかく、何かを言いたいのです。

あなたは、彼がぼんやり星を見上げていた顔を覚えてないのですか。弱々しそうな横顔のラインに、心がグッときたことがあるでしょう。寂しそうに自分の爪を見つめながら、あなたが呼び掛けると作ったように笑顔を見せたあの日。

きっと会社で、学校で、何か嫌なことがあったのでしょう。あなたに知られないように、彼は心の中にしまい込んでいたのです。あなたに心配をかけないようにと。

あの時の彼らしくない、自信のない表情を見て、ずっとこの人と一緒に行く、と決心したのではないですか。

それは、男性というよりも、一人の人間を愛した証拠だと僕は思うのです。あの時のあなたは、そんな彼を胸の中で強く抱きしめてあげたい、と思ったはずです。

しかし今は、目の前の彼が憎くてたまらない。理由はさまざまでしょう。彼の浮気。彼の優しくない態度。彼の遅刻。いいのです、何だって。

彼だって、人間なのです。ちょっとぐらいの過ちはあるのです。「私には、絶対ない」と、断言するあなた。それは立派です。でも、それはあなたの基準でしょう。彼は今まで我慢してきたのかもしれません。まぁ、それはそれでいいでしょう。僕はあなたに素敵な恋をして欲しいし、あなたと彼が別れて欲しくないのです。

あなたに言いましょう。別れる時は、人間同士という感覚ではなく、男とか女とか生々しい対象に気持ちが向かうのです。人間愛ではないのです。男と女になって、ドロドロした憎しみの液体のような感情で相手を塞いでしまおうとするのです。

何もかも、相手が呼吸出来なくなるまで塞いでしまうのです。優しさも思いやりも、慈しみもまったくなくなっている状態です。男と女の素敵な関係は爽やかです。一歩別れへと向きを変えると、さぁ大変。男と女はまるで鬼。本当の鬼の方が可愛いかもしれません。

あんなに愛しあっていた二人が、ただ男と女になってしまっている。早く早く、人間同士に戻ってください。気持ちの中に百パーセントの憎しみが溜まっていても、二人で一緒に作ってきた季節を思い出して、彼の弱々しい笑顔を思い出すのです。

心から別れたいはずじゃないでしょう。ほんのちょっとしたすれ違いで、別れ話につながってしまったのでしょう。愛し過ぎると、好き過ぎると、相手が男にしか見えなくなってしまうのです。あなたという女にとっての、ただの一人の男にしか見えなくなってしまうのです。

何十億という人間の中から、あなたと彼は選ばれてその場所に生まれて、そして奇跡的な道のりを経て出逢ったのです。些細なすれ違いで、その縁を切ってしまうつもりですか。残るものは、三時間後に「後悔」という取り返しのつかない涙だけでしょう。それで気持ちが救われるはずはないのです。後悔の日々に乗せられたまま、あなたは無意味な日々に向かうだけなのです。

あなたが、彼に人間を思わなかったためにです。別れ寸前のあなたに、僕から言わせてください。あなたは彼という人間を愛したのです。間違いも過ちも、もちろんあるでしょう。しかし、人間だからそうだ、というのではなく、彼もあなたと同じように、涙を流したり、弱々しい笑顔を隠したり、物思いに耽ったり、美味しい食事の後は幸せを感じたりするのです。あなたは彼を特殊に見ていたのです、今日までは。

★愛した人の背中を感じてください

この話は特に男性に言いたいのですが、あなたが愛した人を、あなたより以前からずっと愛してきた人がいるのです。それも半端な数ではありません。嫉妬しないでください。いいですか、お父さんお母さん、兄弟、祖父に祖母、親戚の人たち、小学校からの仲の良い友人たち……数え上げたらきりがないでしょう。

あなたは、彼女を好きになり恋を始めました。もう、何カ月、何年経ちましたか。その間には喧嘩をしたりして何度も別れを近づけましたね。その度に、彼女の周りの人たちは、一緒になって心配していたのです。

あなたは、そのことを知りませんでした。彼女一人を苦しめたり悲しませたりしていただけと思っていたでしょう。違うのです。何人も何十人もが、辛そうな彼女を見て一緒に苦しんでいたのです。愛とは、もちろん直接的には一対一です。

ところが、あなたの影響はそんな単純なものじゃなかったのです。たった一人と恋をしたけれど、実は何人もの人間を巻き添えにするものが恋でもあるのです。簡単に好きになったり、簡単に喧嘩したり、挙げ句の果ては簡単に別れたり。その度に、数多くの人たちが一喜一憂していたのです。

恋愛には、当然ながら責任というものがあるのです。法律じゃないですから、喧嘩しても罰せられないでしょう。でも、人間の心を傷つけるわけですから、僕は傷害事件と同じではないかと思うほどです。法律で恋の傷害事件が決められたら、検挙数は膨大になるでしょうね。

あなたは、多くの人から愛されている女性を愛したのです。たった一人を愛したのではないことを意識してください。その人たちを食事に連れて行ってくださいというわけではないのですよ。その人たちの気持ちを分かってください、というのです。それは、なぜか。

すべての人たちが一人の人間なのです。あなたは、女性である彼女を愛したと同時に、人間としての彼女を愛したのです。もっともっと血の通ったお付き合いをしてください。機械じゃないのです。血の通った情深いお付き合いをしてください。

逆に女性だって同じですよ。彼は男性であり人間なのです。絶対、忘れないでください。きっと簡単に別れなんて近づかないでしょう。僕は確信しています。もっと人間を意識したお付き合いをすれば、世の中から「サヨナラ」が減ると。

恋しましょう レッスン24

映画を観て泣くことも多いですね。愛している彼のことを思って泣けますか。愛している彼女のことを思って泣けますか。

傷つけてしまった日、一人で愛する人のことを思って泣いてください。渇いた心を涙で潤《うるお》わせてください。優しい気持ちになれるでしょう。もっと愛が深まるでしょう。

人間を感じる時なのです。

自尊

……好きな人から「思われる気持ち」、それこそが僕の考えるプライドです。言いなりには、それが感じられないのです。

★プライドは保ちましょう

相手の言いなりになっている人。とにかく、自分の意見とか希望を言わない。食事にどこへ行こうかと聞かれれば「どこでも」と答え、今度の日曜日はどうすると聞かれれば「あなたが決めて」と答える。すべて相手に任せてしまうのです。

いや、任せるというものではなく、自分の主張がないのです。本人としては、相手を尊重している気になっているのですが、相手はたまったものじゃないのです、実を言うと。何から何まで決めなくてはならない面倒さはもちろん、一緒にいて楽しいのかな、と疑問さえ抱いてしまうのです。……僕といて何を求めているのだろう……そんな疑問が不安に変わっていくのです。

相手に任せっぱなし、自分を出さない。こういうことって、どうでもいい、と思われても仕方ないのです。どうでもいいから、相手に全部任せてしまう、と思われても仕方ないのです。……いや、私は自分のことよりも彼の気持ちを大切にしたい……ときっと言い返すでしょう。

ところが彼にしてみれば、本当に好きな人といる時は、自分自身を分かって欲しいために言い分があるはずだ。それを言わないのは、どうでもいい関係だと思っているから自分を出さないのだ。

愛しているなら、自分の行きたいところ、食べたいものを主張して、相手に喜んで欲しいと思うに違いない。……きっと僕となんて、どうでもいい関係としか思っていないのだ……と彼はその不満を心に溜めていくのです。

いじけているわけではありません。皆さん、バランスという言葉があります。とても大切なことです。やっぱり恋にもバランスが大切なのです。いつも彼の言いなりになっている。

いつも、遅刻するのは彼、待たされてばかりいるのは彼女。帰りに送っていくのは彼。彼は一度だって送られたことがない。男だから、というだけでは解決出来ないのです。五回に一度でいいかもしれません、彼を電車のホームまで送ってあげられる関係。五対一で、充分バランスが取れるのです。

いつも遅刻している彼が、ある日、あなたと待ち合わせをしました。彼はあなたよりも早く着いたのです。そして、あなたが約束の場所に着きました。その時、彼の手には薔薇の花束。先に来ていた彼から、あなたに薔薇の花束が贈られたのです。その一度で、いつもの遅刻を許せてしまえるでしょう。

僕の言うバランスとは、そういうものなのです。そのバランスをしっかり支えているものが、実はプライドだと僕は思うのです。辞書では誇りとか自尊心とかと説明があります。

僕は自分勝手に意味を作ったのです。「思われる気持ち」という意味なのです。

★思いや意見は相手に伝えましょう

好きな人から「思われる気持ち」それこそが、僕の考えるプライドなのです。愛されている人から「思われている気持ち」それが、恋人同士のプライドなのです。

それさえ分かれば、少々のアクシデントがあっても解決出来るのです。別れるところまで話が進まないと思うのです。相手の言いなりで満足していると、「思われる気持ち」がないのではないかと、任された方は逆に心配になってくるのです。

行きたい場所も食べたいものも、彼女から全部任されるけれど、彼女の自分に対する「思い」を感じ取れないのです。

こんな時、彼は僕の思うプライド「思われる気持ち」を感じられないのです。いつもいつも一方通行。一緒にいても二人でいる感じがしないのです。ただくっついているだけで、まるで人形のようです。

良かった楽しかった、と口には出すでしょうが、彼の心の中は「思われる気持ち」の無さで空虚がずっしりと埋まっていくのです。逢う度にその積み重ね。いつか、それはサヨナラへと繋がり、やっぱり君とは相性が悪いと決断させることでしょう。

あなた自身の言葉を持ってください。海へ行きたい。海をじっと見ていたい。夜明け前に待ち合わせをして電車に乗って行こう。海の見えるレストランで食事をしてみたい。夕方の街を散歩したい。服を見に行きたい。今日は早く帰りたい……あなたの思うこと、したいこと、食べたいもの。あるいは、昨日のテレビのワイドショーでコメンテーターが言っていたことに不満がある。私は、こう思う。

あなたの感情とか意見とか主張を、愛する彼に言って欲しいのです。暖簾《のれん》に腕押し、という言葉があります。相手に対して力を込めてぶつかっても、手ごたえがなくて張り合いがないことのたとえを意味します。彼は暖簾ではないのです。

あなたの言ったことに一生懸命こたえようと、彼は彼なりの意見を返してくれるでしょう。あなたの食べたいものがあるレストランを一生懸命探すでしょう。夜明けの海に行きたいと言うあなたを喜ばせたくて、レンタカーを借りたり、電車の時刻表を調べたり、あなたのときめく笑顔を見たくて奔走するでしょう。

恋とは、そういうものなのです。そんな素敵な二人でいたいと思いませんか。思われる気持ちを感じたいのです。自分の胸の中に、あなたからの「思われる気持ち」を一杯あふれさせたいのです、彼は。

純粋な気持ちで言いたいことは、そのままぶつけてみましょう。出来ないことは出来ないし、ちょっと無理をすれば出来ることは、きっと彼ならやってくれるでしょう。

そんな日々に、別れなんて訪れるはずはないのです。二人が二人して高揚していくのです。そこに生まれるものが、二人だけの歴史であり、二人だけの思い出なのです。

どちらか一方の思いだけなら、いつの日か忘れてしまうでしょう。しかし二人で築いた思いは、永遠に刻まれるのです。あの時、私がお願いした旅行。あんなに美味しい食事が出来たレストラン。彼が私の希望を叶えるためにさがしてくれた、と。

二人の会話は、二人にしか分からない「その時の感情」を持ち続けるのです。あなたがお願いした、午前三時の散歩も、あなたが言わなかったら実現しなかったのです。それは二人だけが分かる、会話なのです。

言った瞬間の彼の戸惑いと喜び。あのシーンは二人だけに刻まれた思い出なのです。言った瞬間が思い出なのですよ。

積み重ねてください。二人で幾つも幾つも、そんな瞬間の思い出を積み重ねてください。別れなんて、あなたたち二人にはまったく無縁なものになるでしょう。

恋しましょう レッスン㉕

何か一つ、彼に言ってみるのです。簡単なことから始めればいいのです。お寿司が食べたい。彼のサイフを考えて、回転でもいいじゃないですか。でも、テレビで話題になってる、あの回転寿司が食べたいと、こだわるのです。

普段、なにもかも相手に任せていた人。今日は、あなたの希望をがんばって言ってみましょう。勇気を出してください。恐くないのです。

絶対、喜んでくれるでしょう、言われた人は。

気品

お互いの魅力を解きあかしていく楽しみ、ときめき、想像……
それを通して二人の気持ちが近づいていくのです。

★私、私、私、何でも私は嫌われます

人の集まりとかパーティーで、特別目立っている人がいます。何でも、私、私と人を押し退けても自分を強調している人です。幾つかのグループに別れていても、聞き耳を立てて、何かあると私、私とまるで売り込むようにしゃしゃり出る人。初めて出逢う人もいる会場で、何が何でも私。

人と人は、少しずつ理解出来ていくから神秘的なのに、一気に分かってしまう人は奥がないというのか、薄っぺらに見えるというのか、もうお付き合いする必要がない

ほどです。

そんな人を恋人にしていたら、恥ずかしくなってしまうでしょう。その話題も私、違う話題も私で、また、全然違う話にも私なのです。その人の恋人は、そんな場合、どんな気持ちでいるのでしょう。

自分一人でこの会場を駆け回っていて、まるで鼠のようにチョロチョロしていて、パートナーは誰だと聞かれたら逃げ出してしまおうと思っているに違いありません。鼠と一緒に来たわけではないのです。恋人と来たにもかかわらず、自分のことを放っておいて、あちらこちらで騒ぎ立てている。見るのも恥ずかしいし、一人汗をかいて自己アピールをしている。みっともない。

二人でいる時は、そんなにも欠点は見えないものです。別れを決意させるのは、案外、大勢でいる時なのです。二人だけじゃない一種の開放感のような気のゆるみ。

みんなから注目されたい性格の人は、出しゃばってしまうのですね。えっ、こんな女性だったのか、と彼の今までの気持ちがスーッと冷めていくのです。そういう女性に限って、……あなたの分まで宣伝しておいたわ……と何を宣伝したのか分からない恩を主張するのです。

……男は黙っていても大丈夫だけれど、やっぱり女は社交的じゃないと、だからあなたの分まで人に気を使ったのよ……とこちらの気持ちに気づかないで、自分のしたことを正当化させるのです。男としては、一瞬にして気持ちが冷める瞬間なのです。みっともない、と。

社交的というのは、出しゃばることではないのです。人と上手にお付き合いすることで、適度な態度が必要なのです。何でも私、私ではないのです。

お付き合いは、急ぐものではありません。早く、あなたのことを知りたい、と思いますよね。しかし、現実は一歩一歩、ちょっとずつ知っていきたいものです。趣味も性格も、幼い頃のことも、お父さんお母さんのこと、兄弟のこと、住んでいる街のこと、あなたの部屋のインテリア、電話の置いてある部屋のこと、仕事のこと、学校のこと、食べ物は何が好きなのか……。

聞きたいことは一杯あるのに、徐々に知っていきたいのです。本心はすぐ知りたいのです。でもそれが出来ないから、少しずつ知っていきたいのです。最初に全部知ってしまったら、神秘的じゃないのです。逢う度に一つずつ一つずつ。

でも、何もかもに私、私、という人は、出逢った日に、すべてのヴェールを脱いでしまうのです。僕もそんな人を知っています。初めて逢った人に、言う必要のないことまでも話してしまうのです。聞きたくもないことを、すぐ話してしまうのです。聞く側も迷惑です。

あなたのこれまで生きてきたことを、たった一時間二時間で片付けてしまうつもりなのですか。そして、興味を失わせようとしているのですか。お付き合いが始まったばかりなのに、全部見せてしまうのですか。

僕は隠しなさい、と言うつもりはありません。出しゃばりも無防備も、結局サヨナラを近づけるものなのです。

★あなたは世界に一人しかいないのです

あなたの価値を高めてください。偉そうにしてください、とは違います。本を読んだり、映画を観たり、趣味の茶道をやったり、ファッションに気をつかったり、そのどれもがあなたを磨くものです。せっかく日々切磋琢磨しているのに、一瞬であなたを薄っぺらな人間にしてしまう、私、私、私現象。少しずつ少しずつ、あなたの魅力を知りたいのに、たったその時間だけで分からせてしまうのです。

世界にたった一人しかいない大切なあなたを、あなた自身がヌードにしてしまい、すべて見せてしまうのです。出しゃばった態度が、本当はもっと奥深い人間性さえもすべてすべて分かった気分にさせてしまうのです。

そう、あなたの人間の扉の部分だけを知って、もう他は知りたくないと思わせてしまうのです。そんな人と、まだおつき合いしたいと思うでしょうか。答えはノーですよね。

まだ何か、まだ何か……と魅力を追求したいもの、それが恋ではないでしょうか。もちろん、それだけではないでしょうが、恋の大きな要素として、お互いの魅力を解きあかしていく楽しみ、ときめき、想像……そういうものを通して二人の気持ちが近付いていくのです。

ある時は離れたりして喧嘩をしたり、ある時はとても近付いて抱きしめあったり、恋はそういう謎のような気持ちに触れているものなのです。

ちょっと投げかける微妙な言葉と、相手の視線。激しく言い放った言葉と、困ったような指の動き。そんな二人の間の風景が、今日は半歩近付いたり、明日は一歩下がったり、又明後日は一歩進んだり。だから誰よりも二人は二人のことを知り合うのではないでしょうか。そこに生まれてくるものが「情」だと思うのです。

そんなに焦ってはいけません。そんなに自分をアピールしてはいけません。自然に私が出られるように構えてください。あなたにとても興味があるものが現れても、すぐには逃げていかないでしょう。

ゆっくり、あなたと対面させてあげてください。あなたから皆に向かうのではなく、皆からあなたに向かわせるのです。もう、私、私はやめて、世界に一人しかいないあなたを大切にしてください。

恋しましょう レッスン㉖

あなたをアピールしたくなったら、化粧室に向かいましょう。誰もいないのを確かめて、鏡の中のあなたに「私は世界に一人しかいない。安売りしません」としゃべりかけましょう。自分に言い聴かせるのです。

気を静めたら、また会場に戻りましょう。そして優しい微笑みで見渡すのです。それだけでいいのです。出しゃばっては駄目です。

倦怠

……相手は今、一人になりたいのです。
思いっきり落ち込みたいのです。
手助けしようなんて思うと逆効果です。

★やりたいことをやれるいい機会です

顔を見るのも嫌。電話をかけるのも面倒。ましてや、一緒に食事をするなんて考えられない。とにかく、一人でいたい。近寄らないで……とまぁ、何と横柄な思い上がりでしょう。

特別に嫌いになったわけではないのに、なぜかその人だけに逢いたくないのです。そう、恋愛中のあなただけと、なぜか逢いたくないのです。いわゆる倦怠期というものです。わずらわしい、飽き飽きする、面倒になる……こんな時って、別れに結びつく危険な時期なのです。

さて、あなたは、そんなこと気づいてないから、普通通り電話をかけてしまいました。相手が家にいて電話に出れば、理由を聞くことが出来るでしょう。しばらく、放っといて欲しい、と彼。理由を聞きました。とにかく、君と今しゃべりたくない。そんなこと言われても、理由を教えて。いや、話すことは何もない。

あなたは、そこで思うのです。これは、「倦怠期」に入ったと。随分、身勝手な話ですが、そんなことって実際あるのです。

声のトーンダウン。しゃべり方がいつもよりスロー。ゆったり、けだるそうにしゃべっているのです。話しかけても、ハァと聞き返すような、曖昧な返事。電話しながらも、時折、沈黙が漂うのです。

そういう時って案外、「倦怠期」に入っているのです。自分勝手に倦怠期に入って、と怒りたくもなりますが、それは仕事の忙しさからとか、実家のさまざまな問題とか、決してあなたに原因があるわけではないのです。

そんな時、何か手助けしたいと思うのが女心です。でも、静かにしている方が結果としていいのです。電話をかけてそんな応答であったら、静かに電話は切りましょう。

……ゆっくり、休んでね……という感じですね。

コンチキショー、と一言、言いたい気分ですよ、こちらとしては。相手から電話がかからなくなったから、電話したのに、やる気のないけだるそうな応答。フザケルな、と怒鳴ってやりたい気分です。

しかし、相手は病気だと思って見逃してあげましょう。自分勝手に「倦怠期」に陥りながら、こちらの親切に応えようとしないオオバカモノ、と心の中でつぶやいて。

まぁ、罵《のの》りはそれぐらいにして、実は相手がそんな状態の時に、あなたの魅力が発揮されるのです。倦怠期以外にも、仕事でミスをした時の落ち込みとか、友人との口論の末の後悔とか、マンションの大家さんとのトラブルとか、この世の中はアクシデントの連続です。気が滅入っていくことばかりです。

本当なら、あなたの一言が気分転換になるはずなのですが、人によったり、時と場合によっては誰ともしゃべりたくなくなり、一人で沈み込みたくなることもあるのです。

そこで、あなたの大きな心が発揮されるのです。特別なことでも何でもなく、ただ、じっと待ち続けるだけでいいのです。沈黙です。ただ、静かに、あなたはあなたのやりたかったことを今やればいいのです。

彼のことを気にしてなかなかやれなかった、趣味も旅行も、友達との食事も、この時がチャンスと大いに動いてください。彼の世話も相手も、何もしなくて、あなたのやりたいことを、どうぞ。

分かりますか、彼は今、一人になりたいのです。思いっきり落ち込みたいのです。手助けしようなんて思うと、逆効果です。あれこれ助言をしようとしたり、彼の部屋に行って片付けてあげようとしたりすると、あなたのことを嫌いになってしまうのです。

そんなことって、と思うでしょう。でも、本当の話ですから、僕の言うことを聞いて、一人にさせておきましょう。大丈夫です、彼はそのうち戻ってきます。でも、あれこれし始めると、別れにつながる危険な時期でもあるのです。あなたが大きな心で守ってあげていればいいのです。

電話を切る時、「何かあったら言ってね」の一言だけを残して、明るく陽気に電話を切りましょう。

★離れながら、あなたの心に甘えているのです

彼は、電話を切って、また一人で落ち込んでいきます。とことん、落ちればいいのです。こちらの誠意が、有難迷惑みたいなのですから。でも、あなたの残した一言が、「何かあったら言ってね」が、彼の心の中でまるで母親のように、天使のように炎を灯すのです。

何かあったら言ってね。たったこの一言が、彼の落ち込んだ心を救い出し始めます。あなたのその一言は、百万ドルの夜景よりも、百万ドルの通帳よりも輝いて彼の心に残るのです。

逆にあなたが、「今すぐ行く」と言ってしまうと、面倒でうざったく思われるのです。今の彼は、どちらを望んでいるだろうか、と迷いますよね。しかしそれは多分、あなたしか分からないのです。普段の観察からしか分からないのです。

ですから、いつも彼の様子をチェックしておく必要があるでしょう。こんな時には、どうすれば良いのか。こんな時には、静かに一人にさせよう。こんな時には、抱きしめてあげよう、とか。別の章でも書きましたが、仲の良い時に、話し合っておくこともいいかもしれませんね。

倦怠期の時には、どうして欲しいのか。仲の良い時には、きっとそばにいて欲しい、と言うに決まっています。判断を誤らないでください。二人がもっとお付き合いを深められるか、それとも、別れを招いてしまうか。分岐点は、ちょっとした判断で決まるのです。

僕は思うのです。彼が倦怠期や、あるいは先ほどのアクシデントに陥った時こそ、あなたの人間としての女としての成長に栄養が与えられる時期なのです。それをどう対処するかで、あなたの魅力に磨きがかかるのです。

焦ったり、取り乱したり、逆恨みしたり、強引に押し掛けたりすれば、何も変わらないでしょう。逆に今よりも魅力がなくなってしまうでしょう。

しかし、ドンと落ち着いて、離れながら彼を見守ったり、あなた自身のやるべきことを追求していれば、心にふくよかな感情が芽生えるのです。

人を心から思う気持ち、人を心から愛せる優しさ。きっと、今までに感じたことのない暖かな自分自身と逢えるでしょう。その時、女性は一つ大人になるのです。

ぜひ、あなたにそんな体験をして欲しいのです。別れる女と、心豊かな女と、あなたはどちらを選びますか。

恋しましょう レッスン㉗

いつも愛する人と一緒にすることを思っていますね。今日は、あなた一人になった時、何をしたいのか考えてみましょう。趣味でも旅行でも読書でも、他にもっと何かありませんか。いつも二人で一緒を中心にしていますから、きっとあなた自身の何かを見落としてしまっていると思うのです。

時には、あなたを大切にして欲しいのです。一人になって見えるものを発見してください。

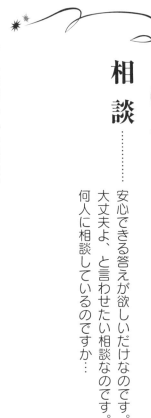

相談

……安心できる答えが欲しいだけなのです。
大丈夫よ、と言わせたい相談なのです。
何人に相談しているのですか…

★この苦しみを聞いて……

愛している人と喧嘩をしてしまいました。初めは「冗談じゃない」と思っていたのに、日が経つにつれて段々不安になってきました。「二度と逢ってやらない」と強がっていたのに、今では「どうしよう、このまま別れたら。別れたくない」と心配になりました。

そんな時、懐かしい友達から電話がありました。そこで、あなたは、逢う約束をしました。自分の恋の話を聞いて欲しくて、今の心配な状況を説明したくてです。何年ぶりかに電話してきた友達に、何を聞かせようとしているのか。どんな答えを出して欲しいのか、いいですか、その友達はあなたの最近の状況を聞きたくて電話をかけてきたのに、いきなり恋愛相談をもちかけられるのです。

そうとも知らず……約束の喫茶店に入るまで、友達はまさかそんな相談をされるとは夢にも思っていないのです。

そしてあなたは、そんな友達だから良かったのです。深くを知らないから、あなたの期待通りの答えをくれると確信しているのです。あなたの相談は、懐かしい友達の答えを、もう決めているのです。そんな誘導の相談なのです。「大丈夫よ」と言わせたいのです。「大丈夫よ、すぐ彼から電話がかかってくるわ」と言わせるような相談の仕方なのです。答えの分かっている相談だったのです。

何のために、そんな相談をするのでしょう。誰でもいいのです、安心させてくれる人の話が聞きたいのです。そんなの相談ではないのです。出逢う人、まったく見知らぬ人にだって、今あなたはその胸の中の心配を聞かせたいのです。そしてこんな答えが欲しいのです。「大丈夫、二人は別れない」と。

その場その時、自分の中から心配とか不安とか、一切のマイナスを排除したいのです。しかし、皆さん、そんなもの排除したって相手がどう思っているかが問題なのですよ。それを、第三者に相談して良い答えを出してもらって、それも架空の答えを出してもらって満足ですか。

あなた、実は分かっているのですよね。そんな相談が何もならないことを、でも何かをしていないと口から心臓が飛び出しそうなぐらい苦しいのですよね。息が止まるのではないかと思うほど呼吸が乱れたり、倒れるのではと思うほど目眩《めまい》がしたりしているのです。

でも、大丈夫です。心臓は口から出てきません。息も止まりません。倒れることもありません。全部、全部、あなたがイメージしている苦しみです。どんなに二人が喧嘩をしても別れる寸前であっても、そんなことは絶対あり得ません。

それよりも、あなたが自分の苦しみを誰彼問わず相談していたから噂になってしまいました。二人が仲良くなった時、そんな噂をどう弁解するのですか。

いいですか、恋愛中の二人は、絶対二人にしか分からないことがあるのです。レストランのテーブルで向かい合って、些細な喧嘩をしてしまいました。彼は、またあなたのわがままと思って「分かったよ、ごめんね」と心の中でそんな話を中断させようと考えていたのです。

その瞬間、彼は小さく可愛いあなたのことを思いながら微笑みました。その瞳は優しい表情でした。その瞳の優しさを、あなたは相談する人に話しましたか。彼のことをよく知っているあなただからこそ気づいた小さな表情。

少しずつエスカレートしていく喧嘩。小さな彼の瞳の表情を、あなたはいつのまにか忘れていくのです。結果的に、大喧嘩になって帰り道はまるで零下百度の心をかかえて家に帰ったのです。

最初のうちは、あなたの怒りも煮えくり返っていました。しかし、時間が経つにつれて、さきほど書いた状況になっていくのです。これは一つの例ですが、二人には二人にしか分からない素敵な事実があるのです。

彼が怒った時の視線はどこに向いていたのか、喧嘩をして去る時、彼は手を振ったのか振らなかったのか。あなたが泣いてしまった時、彼は椅子から少し腰を上げて近寄ろうとしていなかったか、どうか。そんな細かい部分が二人に、とても大切なのです。そんなことを全部、こと細かく相談出来るのですか。出来ませんね。

★家族に相手の愚痴を言っては駄目です

さらに悪いのは、あなたがお母さんやお父さんや、そう家族の誰かにそのことを話してしまうことです。あなたが、彼に対する愚痴や文句を一つ言う度に、家族の人たちは彼とあなたを引き裂こうと思うのです。断片的なことしか言えないでしょう。自分の娘が困るようなことを、彼がやるのです。

普通なら娘の味方をします。たとえ、あなたが悪くても、家族はあなたが可愛いのです。あなたが悪いと分かっていても、親や兄弟はあなたを助けるのです。それが家族なのです。

いつか二人の喧嘩が終わり、また、仲の良い恋人同士に戻りました。彼があなたの家に遊びに来ました。しかし、何か雰囲気が違います。お母さんの彼に対する接し方が変なのです。冷たいのです。あなたの家族にとって、彼は許せない存在になっていたのでした。大変です。なかなか、その印象は変えることは出来ないのです。

そんなことを何度も何度も繰り返してしまうと、将来結婚するとなっても傷が残ってしまうのです。なぜ、あんな人と結婚するの。今まで何度も苦しめられたでしょう。何とか別れさせようと、お父さんやお母さんは力を注ぐのです。

たとえ彼と喧嘩をしても、いちいち家族に話しては駄目だと思うのです。何でも話す、という家族もいます。それは、あなたが考えてください。何を話しても正しく理解してくれるなら、家族に相談してもいいかもしれません。

でも、僕は、恋の相談は出来るだけ自分一人で解決する方がいいと考えます。今、その胸の痛みをしっかり把握することが大切です。

自分たちで起こした事実を、自分でしっかり抱きしめるのです。誰かに相談して、良い答えを求めていては成長するどころか、いつまで経っても誰かの手を借りなければいけない人間になるでしょう。

あなたの問題なのです。二人の問題なのです。あなたが彼と喧嘩をしたなら、堂々と彼に相談したらいいじゃないですか。それの方が、若さがあってあなたらしい、と僕は思います。

本当に自分一人では解決出来ないと思ったら、二人をよく知っている友達一人に相談しましょう。二人をいつも見ていた人、知っていてくれる人。その人一人だけに相談しましょう。

恋しましょう レッスン㉘

彼と仲の良い時に、言っておくのです。あなたと喧嘩したら、あなたに相談するから答えてね、と。彼は笑うでしょうが、そんなあなたをもっと好きになります。

そして現実に喧嘩をしたり、音信不通になったら、彼に相談を持ちかけるのです。すぐ仲直りしてしまうでしょう。だって二人の喧嘩も音信不通も、しょせんそんなものなのですよ。

事件を大きくしていくのは二人の意地だけなのです。相談相手は彼です。

失言

恋は生き物なのです。
膨大な失言で相手が倒れたとしても、
すぐその傷口は癒されていくのです。

★そんなに簡単には嫌われません

言ってしまってから、しまった、と思っても一度口から出た言葉を取り戻すことは出来ないのです。失言といいます。世の中の恋人たちは、この失言という後悔にどれほど悩まされているか、僕はたくさんそんな人たちを見ました。

「どうせ私なんか」という失言。喧嘩して、自分が不利になりそうになると、自分のことを一段下に置いて話をし始めるのです。どうしてなんでしょうか、自分をとても素晴らしい女性だと思っているのに「どうせ私なんか、あの女性にくらべたら」と、卑下するのです。

心の中では「私こそ、世界一素敵な女なんだから」と思いながら、こんなに私はあなたに傷つけられてる、と言い放つのです。そんなことを言ってるわけじゃない、と彼が慰めようとすると、さらに追い討ちをかけるように言い出すのです。失言の始まりです。

「どうせ私なんか綺麗じゃないし、頭も悪いし」、図に乗ってさらに向かうのです。「どうせ私なんか、あなたには不似合いの女よ」と、「いいわよ」と続いていって「いいわよ、別れてあげるわよ」と結論に到達するのです。

その時、彼女の心の中には、私こそ世界一の可哀想な女、とナルシストが少し入っているのです。言われている男性、どうしていいか分からず、彼女の演劇部みたいなセリフと動きに圧倒されていくのです。

彼女は最後に言いました。「さよなら、元気でね、いい人みつけてね」と言ってその場を走りながら泣きながら立ち去っていくのです。

彼、呆然とする、とト書きに指示してあったのでしょうか。何が何だか分からない彼は、声も出ないのです。彼女は、自分のイライラした気分をおさめるのに、最初の一言ぐらいでやめておけばよかったのですが、話しているうちに夕焼けがセンチメンタルだったり、聴こえてくる音楽がバラードだったりして、ついつい気分が乗り出して最後まで言ってしまったのです。

彼女は家に帰って、どうして私、別れてきたのだろうか、と一生懸命考えるのですが理由は見つからない。ただ何となく、そうなってしまった。後悔するのです。

こんな漫画みたいな話ですが、実は世の中にはとてもたくさんあるのです。相手に自分の鬱憤とか、満たされない気持ちとか、こんなにあなたのこと好きなのになぜ分かってくれないの、とかとか、まぁさまざまな気持ちを伝えるために、一言が二言になり、挙げ句の果てに「失言」にまで到達してしまうことが。こんなはずじゃなかったのに。

でも、安心してください。そんなことでは、二人は別れるはずがありません。多分二日後には、笑っているでしょう。「君って、やっぱり演劇部出身だね」と。

皆さん、「失言」になんか、振り回されては駄目ですよ。失言した後、その処置の仕方で笑い話にも、別れ話にもなるのです。処置の仕方なのです。相手を傷つけるような、とても残酷なことを言ってしまいました。たとえば、彼女から彼に言ったとしましょう。

彼女は一人で帰って、部屋の中で後悔します。あんなこと言うんじゃなかった。絶対、怒っている。もう、別れるしかない、と泣きじゃくります。神様に、彼からの電話がくることを祈ります。でも、かかってこない。もう、駄目。

でもね、皆さん、そんなことで別れていたら、付き合ってきた年月って何になるのでしょうか。たとえ一週間前に出逢った二人でも、その一週間に幾つもの二人しか知らない事実が歴史として残っているはずです。

二人だけの歴史です。その積み重ねが二人の足跡となって未来につながっていくのです。相手を完全にノックアウトするようなパンチ力のある「失言」であっても、別れに結びつくはずはないのです。

皆さん、「恋は生き物」なのです。生きているのです。たった一言で相手が倒れても、すぐにその傷口は癒されて元に戻るのです。そんなに簡単に別れはきません。

★失言もすぐに心で向かえば大丈夫

言われた失言を、相手からのアドバイスにしましょう。あるいは、二人の間にいつか降りかかる火の粉の前触れだと思って、二人一緒に対処するのです。言葉はそれだけで人格を傷つけるものもあります。

しかし、言葉です。どんなに苦い言葉でも、言ってしまったものは仕方ないのです。いつまでも、それればかりにこだわっても前に進んでいきません。どんなに思いやりのない言葉でも、言ってしまってからでは取り返しがつきません。

だから、二人で考えるのです。なぜ、そんなこと、言ってしまったのか。なぜ、そんなこと、言わせてしまったのか。

愛しあう二人だからこそ、心を割って言いあえるのではないでしょうか。その時少しぐらい喧嘩したっていいじゃないですか。二人が別れないための話しあいをしている現実をはっきりと分かりあっていれば。

「失言」を、すぐに別れへと結び付けるのは二人が相手を信じていない証拠です。たった一言の「失言」で簡単に別れるはずはありません。

僕に相談する人も、もうとんでもない事件が起きたように悲痛な顔をしてきます。そんな時、いつも答えます。「すぐ電話する方がいい」と。とにかく、すぐ逢う約束をするのです。失言してしまった方から電話するのです。

逢って話をします。その失言が、いつも心によぎっていたことなのか、思いつきで言ってしまったのか、真実を言うのです。恐くも何ともありません。あなたが失言してしまったことの意味を話すのです。

何が恐いのですか。別れてしまうから、それとも……。別れるはずがありません。断言しましょう、どんなにヒドイ失言でも、すぐ処置をすれば別れません。

世の中に人の数より多くある「失言」とか「失態」とか「失敗」とか、愛する人に向けてしまったこれらで別れることはありません。その後、あなたが、どんな誠意をみせるかで別れを招くことは絶対ないのです。

人間は間違いだらけの生き物だと思いませんか。人を傷つけたり、人を罵ったり、人を窮地に追い込んだり……あるわあるわの間違いを起こしています。そんなの一つ一つでサヨナラしていたら、それこそ身体が幾つあっても足りません。

何か間違いを起こしてしまったら、すぐその処置を誠意を持ってするのです。先ほども言いました。恋は生きているのです。間違いをされた場所に立ち止まっていないのです。

あなたの起こした間違いを、「失言」でも「失態」でも何でも、すぐに心で向かえばいいのです。逆にそんな人に、もっと愛情がわくのではないでしょうか。

恋しましょう　レッスン㉙

愛する人を困らせた数々を思い出してください。紙に書き出してください。一つ一つに、自分がどう対処してきたか思い出してください。そのままにしてあれば、次の日曜日に花束を添えて謝ってください。

さらに、あなた自身の失言をまとめ、ノートに書き留めておいてください。二度と再び失言しないようにです。

自分

……間違いなく、あなたはあなたなのです。
それなのに上手く見せようと、
自分を押さえ付けていませんか。

★あなたらしさを忘れないでください

今まで数多くの詞を作ってきました。振り返ってみると、その多くの詞の根底に流れているものは、「自分らしさ」「君らしさ」「あなたらしさ」というものに気づきました。

結局この世の中で一番大切なものは「自分らしさ」ではないか、と僕は思うのです。仕事にしても、勉強にしても、人との付き合いにしても、あるいは掃除にしても洗濯にしても料理にしても、そして恋愛にしても、やっぱり「自分らしさ」が一番大切なことではないかと改めて思うのです。

僕が一番「自分らしさ」を失う時が、ゴルフでした。グリーンに立つと、身体の部分部分が別々に動き始め、そして一緒にコースを回る人にチェックをされ、いつのまにか木の人形になっているのです。

あの人に肩のことを言われ、別の人に足の開き具合をチェックされ、まったく僕の身体じゃないのです。そのうちに、精神的なものにまでも影響を及ぼし、普段とても普通に話している人に敬語を使い始めていることもありました。もう、最悪の状態です。僕はすっかり僕を忘れてしまい、まるでその人たちの操り人形になってしまったのです。

恋愛も同じだと思うのです。相手のことが好きで好きでたまらない。何をしてても誰と逢ってても、どこにいても、その人のことばかり頭をよぎるのです。そしてデートをします。大変です。

瞳の上に「かさぶた」が出来て、その人を見ていても目が閉じれないのです。緊張のあまり、「瞳のかさぶた」が四角く固まったままで動きません。好きな人を見る目つきが強ばっているのが分かるのです。さらに、手と足が同じ動きをしてしまいます。カチカチに固まった手と足が、オイッチニ、オイッチニとギクシャクして動くのです。言葉も、困ったヤツです。普段よくしゃべるのに、どうしても思う言葉が出てこないのです。「これは言ってはいけない」「あれも言っちゃ駄目」と、窮屈な気持ちが自由な気持ちを閉じ込めるのです。

好きな人が何かを言いました。すると、まるで召し使いのように、何でもイエスと答えているのです。いけない、いけない、と思っても、思えば思うほど縮こまってしまうのです。さぁ、もう、大変。その時から、あなたは「あなたらしさ」を失ってしまったのです。

「あなたらしさ」を失っただけならいいのですが、その恋も失ってしまう運命に近寄られたのです。お付き合いしているにもかかわらず、二人の気持ちがなかなか一つにならない場合によくあることなのです。相手に嫌われたくないようにしたいから、相手が嫌な気分にならないようにしたいから、相手に自分の存在をもっと分からせたいから……と、すべて相手中心に思ってしまうと、「あなたらしさ」を失ってしまい、そしてあなたの魅力を発揮出来ないまま別れに向かっていくのです。

出逢いの頃とか、喧嘩をした後とか、何かお願いした時に起こる現象です。よく考えてください。あなたは、あなた以外の何者でもないはずです。まさかヌイグルミを着てお付き合いするわけではありません。あなたはあなたの性格を嫌いで、そんな自分の性格を変えてお付き合いするわけでもありません。

間違いなく、あなたはあなたなのです。それなのに、上手く見せようとか、自分を押しとどめて相手を中心にしようなんて、それは間違いです。

あなたと、その人は、あなたとその人だから逢っているのです。別人であれば、逢うこともなかったのです。

★恋は「トキメキ」から始まり「阿吽《あうん》を知る」に育てる

最初に出逢った日のこと、覚えていますよね。それから、もう何度もデートを重ねてきました。しかし、相手は、どうも嬉しそうではないのです。特に今日は暗い表情を見せています。どうしたの、と聞きました。すると、言いました……まったく初めて逢った日から変わっていない。あなたは、あの日のまま。溶け込んでいきたいけれど、何かが待ったをかけている……と。

逢うほどに何かを感じ、そして深まっていくものです。しかし、あなたたち二人に限って言えば、逢っても逢っても、出逢ったあの日に戻ってしまうのです。いつも見えない壁に阻まれて、手をつないでもぬくもりさえ伝わってこないのです。一体、何なのでしょうか。それこそ、「あなたらしさ」であり、「私らしさ」なのです。

出逢った頃、相手に良く見せようとちょっと自分を作りました。言葉づかいにしても映画を見終わった感想もレストランの選択も、ちょっと自分とは違うな、と思いつつも演出というか演技というか、「自分らしさ」を変えたことを覚えていませんか。それなのです。付き合い始めて、もう何カ月も何年も経っているのに、「あなたらしさ」を見せないために、あの日のままのあなたでいるのです。

恋の喜びは、出逢った「ときめき」から始まって、逢う度に何か一つずつ一つずつお互いが分かりあっていく「阿吽《あうん》を知る」ことだと思うのです。最初のうちは、相手の言葉に理解出来なかったこともありました。

しかし、逢う度に心は開かれ、いつのまにか言葉を掛け合わなくても、それこそ握った手のぬくもりだけで、相手の気持ちを理解出来るようになるのです。……何を食べたい……と聞かなくても、デートの日に着てきた服を見れば、何が食べたいのか分かってしまう。お互いの目が合った瞬間に、どこに行きたいのか分かってしまう、阿吽の呼吸。

それがいつまでたっても出来ない哀しさ。「あなたらしさ」を表現出来ていないのです。相手に気を使い過ぎているのか、それとも、「あなたらしさ」を表現するのが恥ずかしいのか、下手なのか。何ごとも日進月歩で発展しています。コンピューターなんかは秒進分歩という言葉があるかどうか知りませんが、そんな感覚で発展しているのですよ。

あなただけが、出逢った日に立ち止まったまま。「あなたらしさ」を出せないまま、まるで化石のように佇《たたず》んでいるのです。それでは、恋人に可哀想ではありませんか。

今すぐに、「あなたらしさ」を表現して、素敵な恋を一歩深めてみてください。何も特別なことではないのです。……海に連れていって、お好み焼きが食べたい、今度の日曜日に逢いたい……と、そんな簡単なことから始まるのです。

恋しましょう　レッスン㉚

恋人じゃない、ただの友達と会話している時、何も意識していませんね。あの感覚を思い出してください。好きな人に、これを言ったら嫌われるなんて絶対思わないでください。何かを言ってサヨナラされるなら、そんなものだった、と少し開き直ってみてください。

僕は、断言します。絶対、サヨナラになりません。かえって、二人に新鮮な気持ちが訪れます。

それが「あなたらしさ」なのです。

未だ一人の人へ
もう二人の人へ

どんなに長い時間を使っても、
一人でいるから二人になれるのです。
どんなに熱い時間を使っても、
二人でいると一人を思い出そうとするのです。
結局、人間は、いつも何かをさがして、
上下左右と歩くのです。
……
ときめきと戸惑い、
…その胸に忍ばせて…
だから、
恋は素敵なのです。

松本 一起

もうすぐ見えてくる。

季節がなくなったと言われてもう随分と経ちます。地球温暖化でこの国も四季がなんとなく不明瞭になってきました。冬から一気に夏になるようで、ほんわかした気持ちを愉しむことさえ出来なくなりつつあるようです。

恋の季節っていったいいつなのか、と考え込んでしまいます。僕は思います。恋の季節はあなたの気持ちがときめきに染まったときだと常々思っているのです。しかし、哀しいことに途中でたくさんの恋が無惨に崩れていくことが多いのです。

だからぜひあなたには、恋の季節を思いっきり受け止めて欲しいのです。

簡単なことです。素敵な女性になればいいのです。

心の豊かな、気持ちの優しい、そして良い恋をして輝く微笑みの似合う女性になれば、間違いなく恋の季節のど真ん中に立つことが出来ると思っています。

まず一歩を踏み出しました。あなたの全身に恋の抵抗力がついたはずです。完璧とは言わなくてもかなりたくさんの抵抗力、耐久力がついたはずです。

次は栄養をいっぱい吸収してください。美術館に行ったり映画を観たり、そうそう美味しいものをたくさん食べてあなたの魅力を携えてください。それがあなたの引力になって良い恋、素敵な恋を近づけることでしょう。泣いて涙をこらえるなんて、もう他人事にしてしまうのです。あなた自身の力がそうさせます。

さぁどこにいても恋の季節は始まります。お気に入りの服を着て、いちばん高かったバッグを持って、そして目一杯おしゃれをして出かけましょう。何もかもが、目に映るすべてがあなたに引き寄せられることでしょう。

もうすぐ見えてくるのです。あなたの恋がぱっと花咲くような場面です。そうなればもう恋の季節です。いつだって、あなたの思うままに華やぐはずです。ショーウィンドウにどんなあなたが映っていますか。

松本 一起

恋なんて素敵

著　者　松本一起
発行者　真船美保子
発行所　KKロングセラーズ
東京都新宿区高田馬場2-1-2　〒169-0075
電話（03）3204-5161（代）　振替　00120-7-1-145737
http://www.kklong.co.jp
印　刷　中央精版印刷　　製　本　難波製本

ISBN978-4-8454-2400-9　C0095　Printed in Japan 2017